Entretiens

avec

Kryeon

Lee Carroll

Entretiens

avec

Kryeon

Réponses aux questions des lecteurs

Entretiens avec Kryeon
Réponses aux questions des lecteurs

par Lee Carroll

© *2011 Ariane Éditions inc.*
1217, av. Bernard O., bureau 101, Outremont, Qc, Canada H2V 1V7
Téléphone : 514 276-2949, télécopieur : 514 276-4121
Courrier électronique : info@ariane.qc.ca
Site Internet : www.ariane.qc.ca
Tous droits réservés

Traduction : Louis Royer et Huguette Demers
Révision : Martine Vallée
Révision linguistique : Monique Riendeau
Graphisme et mise en page : Carl Lemyre
Première impression : septembre 2011

ISBN : 978-2-89626-098-0

Dépôt légal : 2011
Bibliothèque et Archives nationales du Québec
Bibliothèque et Archives, Canada
Bibliothèque nationale de Paris

Diffusion
Québec : ADA Diffusion – 450 929-0296
www.ada-inc.com
France et Belgique : D.G. Diffusion – 05.61.000.999
www.dgdiffusion.com
Suisse : Transat – 23.42.77.40

Gouvernement du Québec – Programme de crédit d'impôt
pour l'édition de livres – Gestion SODEC

Imprimé au Canada

Table des matières

Présentation aux lecteurs vii

Première partie   *Kryeon et Lee Carrol* 1

Deuxième partie   *Spiritualité et cocréation* 13

Troisième partie   *Divers, mystères et
                   phénomènes paranormaux* 43

Quatrième partie   *Médecine énergétique et science* 89

Cinquième partie   *Règne animal et environnement* 127

Sixième partie   *Humanité, religions et croyances* 137

Présentation aux lecteurs

Depuis plus de vingt-deux ans, Lee Carroll et Kryeon partagent leur sagesse et leurs connaissances avec les lecteurs de tous les pays du monde. Par le truchement de livres, de conférences et d'ateliers, ce duo remarquable s'est donné comme mission de nous faire voyager vers nous-mêmes afin que nous retrouvions notre pouvoir individuel et la paix intérieure à même le chaos extérieur de cette remarquable période de transformation que nous vivons.

Avec plus de quinze livres publiés en anglais et traduits en vingt-quatre langues, huit visites aux Nations unies depuis 1995 et plus de 20 000 visiteurs chaque jour sur son site Internet, Lee Carroll jouit d'une réputation internationale exceptionnelle et d'une fidélité de son lectorat que peu d'auteurs connaissent.

Inévitablement, avec le temps et la quantité énorme d'informations diffusées dans le cadre des écrits de Kryeon, ce même lectorat grandissant chaque année et provenant de tous les pays lui a posé des questions... d'innombrables questions, sur tous les sujets imaginables.

Dans cet ouvrage hors série intitulé *Entretiens avec Kryeon*, vous avez un échantillon de ces questions, puis ses réponses remplies de sa sagesse habituelle sur une multitude de sujets aussi variés que la spiritualité, la science, l'humanité, les phénomènes paranormaux, les extraterrestres, les mystères, le règne animal et la religion.

Pour les adeptes des écrits de Kryeon, ce livre viendra compléter à merveille toute la série.

PREMIÈRE PARTIE

Kryeon et Lee Carroll

Kryeon et Lee Carroll

– M. Carroll, vous dites que «Kryeon» est le nom d'un groupe de soutien terrestre en matière de physique. S'agit-il là de votre organisation? Sinon, à qui est-elle?

C'était là la réponse de Kryeon à la question «Qui êtes-vous?». Il affirme que toutes les entités divines ont une spécialité particulière. La vôtre consiste à venir sur des planètes comme la Terre et à y vivre des existences successives afin de contribuer au but de l'univers. Kryeon n'a jamais été humain et ne le sera jamais. Sa spécialité consiste à vous soutenir sur le plan de la physique.

Puisque vous modifiez la conscience planétaire, Kryeon est venu avec son groupe de physique pour disposer la grille magnétique en fonction des nouveaux attributs de votre conscience. Ce déplacement de la grille a même été reconnu par le réseau CNN.

Cela n'a donc rien à voir avec moi. C'était la réponse de Kryeon à une question qui lui avait été posée.

– Kryeon, avez-vous eu une enfance ou une période d'apprentissage du savoir que vous possédez? Avez-vous connu un processus de maturation comme c'est le cas pour nous dans cette dimension? Évoluez-vous aussi et apprenez-vous constamment?

Absolument pas. Je vais tenter de décrire quelque chose qui est impossible à décrire. Mes attributs sont semblables aux vôtres. Quand vous n'êtes pas sur la planète Terre, vous faites partie de ce que vous appelez Dieu. Il n'y a pas eu de commencement. Il n'y a ni passé ni futur. Notre essence est donc à la fois intemporelle et nouvelle. Les leçons que vous apprenez aujourd'hui constituent un processus dont le but n'est pas «l'instruction angélique». Elles se rapportent à votre univers quadridimensionnel et à votre contexte temporel. Les milliers de rayures colorées que vous portez tous en tant qu'êtres angéliques sont là en récompense du service accompli. Ce sont des marques d'honneur et d'expression, non d'apprentissage. Nous possédons tous la même information depuis toujours. Complète, elle englobe tout ce qui existe. Nous sommes pénétrés de la sagesse du tout et de toutes les expériences du tout. Si une entité acquiert une nouvelle conscience, nous l'acquérons tous. Croyez-le ou non, vous faites partie de ce processus. Vous ne vous en souvenez pas? (Une blague de Kryeon.) Bien sûr que non. La dualité que vous avez acceptée pour accomplir votre tâche sur la Terre vous dissimule la chose complètement. Vous formez une famille. Vous êtes Dieu. Vous êtes éternels.

– Faites-vous partie des hôtes ascensionnés, comme Saint-Germain, Kuthumi, Hilarion, Maitreya, Gabriel et tant d'autres dont nous savons qu'ils ont vécu ici? Êtes-vous un maître ascensionné?

Non. Je suis un serviteur de l'humanité dans sa quête de paix terrestre et dans l'élévation de la vibration planétaire. Je vénère les maîtres ascensionnés, car ils ont aussi comme fonction de vous aider. Je travaille avec tous, particulièrement avec Saint-Germain. Ma contrepartie interdimensionnelle est Métatron. Nous travaillons souvent ensemble pour tout ce qui touche l'aspect physique de votre planète. Tous les autres sont de retour sur terre sous forme de travail énergétique à ce moment-ci de votre histoire. Ils sont tous revenus et ils travaillent avec vous quotidiennement.

— Si nous jouissons du libre arbitre et si notre travail requiert que nous soyons en sécurité « au-delà du voile », à l'écart de vous et de notre foyer, pourquoi avez-vous la permission de nous parler et de nous révéler des parcelles de vérité ?
Aussi, des femmes canalisent-elles Kryeon à l'heure actuelle ? S'il n'y en a pas, y a-t-il une raison particulière à cela ?

Vous avez peut-être remarqué que mes réponses ne révèlent jamais de secrets que vous devez découvrir par vous-mêmes. Je suis un guide et je ne fais rien de plus que ce qui m'est permis depuis le début, soit donner de l'information qui vous aide à trouver les réponses. Mon enseignement n'est pas différent de celui des autres entités angéliques. Nous suivons tous les mêmes règles en ce qui concerne l'humanité. La seule chose qui a changé, c'est que j'ai pu livrer mes messages dans un lieu plus prestigieux grâce à l'accélération de l'énergie planétaire. C'est à cause de vous, et l'on pourrait dire que le moment décisif fut le 11:11 de 1987, qui a ouvert la porte à davantage de connaissances. C'est comme si je contribuais à la rédaction d'un nouveau chapitre de votre divinité et que je vous exhortais à en apprendre davantage dans des domaines qui ont toujours existé, mais qui sont maintenant plus importants que jamais. Vous vous rappelez ce que je vous ai dit il y a quelque temps ? « Quand on allume la lumière, on voit alors des choses qui facilitent l'action. Cela ne veut pas dire que ces choses n'existaient pas avant de donner de la lumière. »
Pour votre 2e question, je vais d'abord vous répondre littéralement, puis je vous donnerai une réponse correspondant à la conscience et à l'intention que la question présuppose. Je suis Kryeon, un fragment de ce que vous appelez Dieu, mais

vous l'êtes également. Mon service est différent du vôtre et pourtant nous sommes liés. N'importe quel humain peut canaliser mon énergie. Elle lui viendra par le Soi supérieur et apportera un complément à sa divinité. Elle est disponible en tout temps et sans permission. Vous êtes une famille, je vous le répète depuis quinze ans. Cela veut donc dire que des dizaines de milliers de femmes canalisent Kryeon tous les jours !

Pour ce qui est de l'intention de votre question, vous me demandez en réalité s'il existe des canalisatrices de Kryeon « reconnues » tout comme l'est mon partenaire. La réponse est oui. Certaines sont parmi les neuf premières dont j'ai déjà parlé, mais elles ne sont pas encore populaires, et certaines ne font pas partie de ce groupe, mais elles enseignent ouvertement. Si vous désirez savoir qui est authentique et qui ne l'est pas, c'est facile : voyez si l'énergie est la même que celle qui vous est donnée par l'intermédiaire de mon partenaire. Elle est indubitablement reconnaissable. Voyez également si le message concorde avec le mien. Il n'y a pas de discrimination sexuelle quand il s'agit de l'amour divin.

– Ma question s'adresse à Lee Carroll. Avant de la poser, j'aimerais préciser que j'aime les ouvrages de Kryeon, mais que je suis aussi un avide lecteur de Geoffrey Hope [inspiré des messages de Tobias], de Kryeon en Afrique du Sud, de la série Conversations avec Dieu *[Neale Donald Walsch, Ariane Éditions], des messages de Kiraël [canalisés par Kahu Fred Sterling] et de ceux de l'archange Michaël canalisés par Ronna Herman.*

Ma question comporte deux volets. Premièrement, Lee, lisez-vous d'autres messages canalisés (que ceux de Kryeon) afin d'avoir une plus large perspective ? Si c'est le cas, lesquels vous attirent ou vous inspirent le plus ? Deuxièmement, je pense parfois que le fait de maintenir un éventail de lectures aussi étendu n'est pour moi qu'une façon détournée de rester détaché et de ne pas m'engager vis-à-vis de ces sujets. Qu'en pensez-vous ?

Réponse de Lee : Premièrement, je ne lis jamais d'autres messages canalisés. Kryeon m'a donné cette directive il y a plus de seize ans. Il s'agit de conserver la pureté de ses messages en les préservant de l'influence des autres. Cependant, j'aimerais beaucoup pouvoir les lire !

Pourquoi ? Kryeon nous a dit que la canalisation spirituelle est aujourd'hui très différente de ce qu'elle était auparavant. Quand on lit tout, on peut « relier les points entre eux » et améliorer son existence. Kryeon ne donne pas toutes les réponses, et plusieurs d'entre vous n'aiment peut-être même pas mon interprétation de l'information reçue. Par ailleurs, plusieurs autres canaux de transmission vous fournissent la même information, mais sous une forme différente et dans un autre langage.

Tous les canalisateurs que vous avez nommés le font. J'ai personnellement canalisé côte à côte avec trois d'entre eux ! Dans le cas de Neale Donald Walsch, il a participé à la réalisation du film *The Indigo evolution* ! (Je dirais qu'il y a là une très forte relation avec les messages de Kryeon.) Nous sommes tous reliés les uns aux autres.

Je vous conseille donc de ne pas vous en tenir à un seul canal de transmission spirituel et de tout lire si vous le pouvez. Nous vous livrons tous une information provenant de la même source. L'amour que vous pouvez percevoir dans le travail de Kiraël ou de Ronna Herman, par exemple, c'est l'amour de Dieu. La même source que Kryeon. Prêtez donc à tous un même visage, car il s'agit d'un même message livré de diverses façons. Quel est ce message ? C'est le suivant : il se produit sur la planète un changement qui fait progresser l'humanité plus qu'à aucune autre époque de son histoire.

C'est magnifique. Ne craignez jamais que vos autres lectures ne diluent notre message. Elles vous permettent plutôt de mieux comprendre ce que nous essayons tous de vous dire.

– J'ai lu sur une page Web que Kryeon a indiqué quarante-huit étapes d'apprentissage pour l'humain. Évidemment, sur ce site, on doit débourser beaucoup d'argent à chaque étape. Je connais aussi d'autres sites qui ont recours à la même technique. On nous présente cent une choses à apprendre, mais nous devons payer pour chacune. Et, bien sûr, dans les deux cas, nous ne pouvons révéler à personne les étapes apprises, car ce ne serait plus très lucratif pour les créateurs de ces sites. Je désire savoir si Kryeon a vraiment quarante-huit étapes à proposer aux humains. Si c'est le cas, pourquoi devons-nous débourser une certaine somme pour les apprendre ?

Très cher, au cours des vingt années où j'ai livré des messages par l'entremise de mon partenaire [Lee], je n'ai jamais présenté une suite de quarante-huit étapes. De plus, j'ai fourni plusieurs fois le message contraire, c'est-à-dire qu'il n'y a pas d'étapes communes pour l'illumination. Vous pouvez le constater dans tous mes messages publiés, qui sont gratuits sur Internet.

Le chemin de l'ascension et de l'illumination se réduit à une seule étape : on ouvre la porte par l'intention pure et l'on amorce son propre processus complexe. Ce voyage vers l'intérieur est unique pour chaque humain. Il comporte souvent un processus d'apprentissage progressif qui est également unique pour chacun. Vous êtes tous des êtres linéaires et, partant, vous apprenez en ligne droite. C'est pourquoi vous êtes si nombreux à vouloir savoir à quoi cette *ligne* ressemble, mais le processus est aussi spécialisé que l'humain auquel il appartient. Voilà pourquoi nous ne pouvons fournir des étapes

communes pour l'illumination. Ces étapes sont plutôt inspi-
rées et tempérées par les vies antérieures et les actions présentes de chaque humain progressant sur son propre sentier à
un moment.

Le seul prix à payer pour cette connaissance, c'est le temps
et l'intention pure de l'obtenir et de la comprendre, ainsi que
l'importance suffisante que l'on y accorde dans sa vie pour
entreprendre le processus. Méfiez-vous de ceux qui s'empa-
rent de cette information et la monnayent, qui affirment
qu'elle est trop divine pour que vous la transmettiez à
d'autres, ou encore que vous devez payer une cotisation pour
trouver Dieu. Ce n'est pas la méthode de l'Esprit.

L'échange d'énergie dans votre environnement écono-
mique est approprié dans le cadre d'un troc [échanger quelque
chose contre quelque chose d'autre]. Vous pouvez recevoir un
produit qui a été fabriqué avec amour, un entraînement à partir d'une technique de facilitation spécifique, ou peut-être des
instructions linéaires précises sur la manière d'aider les autres
et vous-même à traverser une difficulté particulière. Toutes
ces choses sont appropriées à l'intérieur de votre culture, car
elles constituent un échange d'énergie contre de l'énergie et
elles fournissent également un système d'équilibre à l'intérieur de votre économie où chacun est gagnant en recevant
quelque chose dont il a besoin. L'information spirituelle fon-
damentale appartient cependant à chaque humain vivant sur la
planète et elle est gratuite. Heureux les humains qui comprennent que cette information se trouve en eux et qu'elle s'y est
toujours trouvée. La seule chose dont ils ont besoin pour
ouvrir ce livre de vie et accéder à la connaissance des maîtres,
c'est leur propre intention de dire : « Cher Dieu, je suis prêt.
Dites-moi ce que je dois savoir. »

C'est à ce moment que les anges accourent pour les bénir.

*– Kryeon est venu parmi nous comme un appel à la lumière
et non pour faire de l'argent. À mon avis, il n'est plus ici
depuis longtemps. Ce que vous [Lee] faites n'est pas du tout
honnête.*

Réponse de Lee : Je suis ouvert à toute discussion sur
cette critique et je ne vous juge pas pour ce commentaire.
Puisque vous soulevez la question, j'ai maintenant l'occasion
d'y répondre adéquatement.

Je demande toujours aux gens de mon entourage de mesu-
rer l'énergie qu'ils perçoivent pendant mes canalisations. Si
Kryeon n'était pas là, ceux qui perçoivent son énergie le sauraient. Au contraire, cette énergie a augmenté et il y a même
eu des guérisons au cours de certaines de nos rencontres. Le
groupe des Nations unies, qui est justement venu vérifier la
chose en 2003, m'a demandé de retourner y canaliser Kryeon
en septembre 2004 et j'y suis retourné également en 2005,
2006, 2007 et 2009.

Je dis donc ceci à tous : durant vingt ans, vous avez reçu
des informations témoignant de l'énergie de Kryeon. Vous
savez également que je ne peux moi-même créer cette énergie. Par conséquent, vous pouvez en juger personnellement
en lisant les nouveaux ouvrages ou en assistant à une séance de
canalisation. Vérifiez par vous-mêmes si l'amour divin y est
toujours fortement présent. Plusieurs ont affirmé que non
seulement Kryeon était toujours là, mais que ses messages
étaient encore plus puissants qu'auparavant et même plus
explicites depuis que la grille est fixée. Je continue à recevoir
les messages de Kryeon partout dans le monde, pour des milliers de personnes. Ces gens le voient et ressentent l'amour
divin durant chaque séance. Tout cela serait difficile à feindre
pour l'ex-ingénieur que je suis.

Pour ce qui est de faire de l'argent, j'aimerais que l'auteur
du commentaire puisse se mettre à ma place, car il ferait ainsi

quelques découvertes intéressantes. C'est chose connue, nous avons publié à compte d'auteur huit des douze livres de Kryeon, ce qui veut dire que nous avons dû payer pour tout. Et chaque fois que nous faisons une réimpression, nous la finançons nous-mêmes. Par ailleurs, nous avons une maison d'édition à entretenir, soit un bureau, des employés, des vendeurs et de la publicité mensuelle. Pourtant, même si nous accomplissons un travail spirituel, nous ne demandons jamais d'argent et il n'y a aucune sollicitation en ce sens sur notre site Internet. Nous tentons aussi de séparer le plus possible le commerce et la spiritualité. Vous remarquerez que nous n'annonçons pas nos nouveaux produits sur notre page d'accueil et que personne ne peut rien y acheter non plus. Notre site est conçu de manière que l'on doive trouver la section Boutique si l'on veut acheter quelque chose et cliquer ensuite sur un autre bouton pour y accéder.

C'est ainsi que je gagne ma vie, comme tout le monde doit le faire. Si mon travail ne tient pas la route, j'échouerai. Si l'énergie des livres et des séminaires n'est pas bonne, mon portefeuille s'en ressentira. J'aime cela ainsi. Je conserve mon intégrité, et mon existence est autant une expérience financière au jour le jour qu'elle l'est pour plusieurs d'entre vous.

– Question à Lee : Au cours de vos séminaires, vous avez mentionné que vous ne demandiez pas d'argent pendant votre travail ni sur votre site Internet. Cependant, vous avez dit également que vous souteniez le travail de Kahu Fred Sterling (canal de transmission des messages de Kiraël), qui, lui, en demande. N'y a-t-il pas là contradiction ?

Je n'y vois pas de contradiction, car je ne suis responsable que de mon propre travail, qui est très différent de celui du révérend Sterling. Ce dernier est ministre de l'Église de lumière de Honolulu, une véritable église donnant des services religieux et comportant un personnel disponible pour aider les autres bénévolement. Il a aussi une émission de radio hebdomadaire internationale gratuite et sans commanditaires. Le révérend Sterling est également disponible pour des conseils et pour des conférences privées (sur la base de dons), et il n'y a pas d'affiliation à son Église, donc pas de dîme à payer. Il n'a pas comme moi une série de livres et il peut rarement quitter son Église pour donner des conférences ailleurs, en raison de son horaire très chargé. Par conséquent, je comprends parfaitement le besoin de contributions extérieures dans son cas. Je ferais la même chose à sa place.

Comprenez que je ne juge personne qui demande de l'argent. Je considère toutefois que ce serait très inapproprié dans mon cas, car mon travail d'auteur et de conférencier devrait suffire au financement.

DEUXIÈME PARTIE

Spiritualité et cocréation

Spiritualité et cocréation

– Dans quelle mesure les actes de la vie sont-ils simplement des habitudes ? Par « habitude », j'entends des actions commises sans conscience ou sans la connaissance du « projet de libre arbitre ». Existe-t-il des moyens pour se transformer rapidement ?

Quelle grande question ! Voici la réponse : à moins que vous ne cherchiez activement à en savoir plus à ce sujet, votre vie suivra le cours de cette « habitude » jusqu'à la fin.

Cela se passe comme suit : vous naissez avec un programme que plusieurs appellent « contrat ». Ce dernier est si puissant que même les travailleurs de la lumière sentent qu'ils doivent le respecter entièrement. Ils implorent le ciel de les aider à le remplir, sans jamais se rendre compte que toute la tâche d'un travailleur de la lumière est justement de le modifier !

Il existe donc un contrat de départ, pourrait-on dire. Il représente ce que vous avez choisi de vivre. Vous avez choisi vos parents, votre race, votre pays, et même vos attributs et prédispositions biologiques. Votre karma passé en fait partie, ainsi que ce que vous appelez votre « expérience de vies antérieures ». C'est complexe, mais vous le ressentez souvent au niveau cellulaire. C'est ce qui pousse passionnément les humains à être artistes, musiciens, parents et même criminels. C'est une force puissante.

Et ce n'est qu'une habitude.

Si vous ne faites rien, elle s'assouvira dans la mesure où vous la suivrez. Vous avez le libre choix de la contourner si vous le désirez et, même si plusieurs ne le comprennent pas, vous avez toujours eu aussi le libre choix de l'invalider!

Aujourd'hui, plusieurs ont changé de nom. Pourquoi? Quand ils ont invalidé cette énergie de départ qui ne leur convenait plus (l'habitude), ils ont eu l'impression d'avoir une nouvelle vie! Plusieurs ont connu de profonds changements d'orientation pour cette raison. Ils avaient étudié pendant des années pour faire telle ou telle chose, et aujourd'hui ils en font une autre. Ils se sont donné la permission de tenir le «gouvernail» interdimensionnel de leur propre navire!

Modifiez votre ADN. Récrivez le passé. Éliminez les prédispositions biologiques de votre famille humaine. Non seulement c'est possible, mais c'est ce que nous vous enseignons depuis toujours.

– Vous nous avez dit récemment qu'une partie de l'énergie des guides nous accompagnait pendant toute notre vie terrestre et que l'autre partie changeait de composantes. Pourtant, il y a plus longtemps déjà, vous nous avez dit aussi que les guides «se taisent» pendant 90 jours lorsque nous vivons de grandes élévations vibratoires. Pourriez-vous nous expliquer pourquoi il leur est alors nécessaire de se taire, et ce, pendant 90 jours? Je présume qu'ils sont toujours présents et qu'ils ne font que se taire sans être vraiment déconnectés de nous. Qu'est-ce qui déclenche cette période de silence?

Cher humain,

1. Vous devez absolument savoir que les guides ne se comptent pas comme des individus et que vous ne pouvez pas leur attribuer un nom ni les considérer comme des entités bien définies. L'humain qui pense ainsi s'empêche de faire l'expérience d'une réalité beaucoup plus grande qu'il ne le croit et limite considérablement sa vision.

2. Les clairvoyants perçoivent la couche supérieure, c'est-à-dire ceux qui aident le plus l'humanité, ceux dont cette dernière a le plus besoin en ce moment. C'est pourquoi la photographie aurique (énergétique) change d'un jour à l'autre. La «soupe de guidance» est à l'œuvre, modifiant vos besoins.

3. Nous définissons les entités comme des énergies ayant une conscience égale ou supérieure à celle des humains. Outre ces énergies, il existe en effet plusieurs formes non biologiques que l'on peut appeler «entités». Encore une fois se pose ici le problème de votre propension quadridimensionnelle à compartimenter tout ce qui provient d'une seule source. C'est très compréhensible et très respectable, mais le véritable être interdimensionnel sait qu'il n'y a pas de «murs» entre les consciences et que l'idée même d'attribuer un nom ou une personnalité à des êtres interdimensionnels est limitative et trompeuse.

4. Les anges sont des êtres interdimensionnels comme vous, mais leur conscience englobe tout leur «groupe». Ils ne connaissent pas la dualité et n'ont pas d'expression biologique.

5. Les archanges sont des anges qui possèdent l'énergie de plusieurs anges. Malgré cette appellation d'archanges, ils ne sont ni supérieurs ni inférieurs. Ils ne sont pas non plus «chargés» de quoi que ce soit. Ils sont plutôt constitués de l'énergie de plusieurs aspects des autres entités angéliques, ce qui les fait paraître plus importants, mais ils ne le sont pas. Considérez-les comme des stations de communication ou des «pivots» de transfert énergétique plus facilement accessibles à l'ensemble. Leur tâche consiste à rassembler des groupes énergétiques pour ceux qui ne peuvent rien concevoir en dehors de la quatrième dimension. Ils contribuent également à l'organisation de l'énergie nécessaire à l'Univers.

6. Avec la permission d'ascensionner par [ou grâce à] l'implant neutre, un changement unique a lieu à l'heure actuelle dans l'énergie de guidance, une modification liée à l'activation de la troisième couche de l'ADN. Le «processus de silence» de ces guides n'est qu'une image. Il s'agit en fait d'une relève de la garde. C'est le moment où, dans l'espace et dans le temps, un temple est détruit et les fondations d'un autre sont établies. Cela varie d'un humain à l'autre et c'est associé à vos peurs et à vos acceptations. Ce changement ne se produit qu'une seule fois, mais il est profond.

Vous n'avez que partiellement raison en ce qui concerne leur présence durant leur silence. En réalité, ils s'en vont. Cependant, vous n'êtes *jamais* seuls et l'énergie qui subsiste pendant cette relève de la garde est moindre que celle qui est présente habituellement. Lorsque le grand maître de l'Amour s'est vu au seuil de la mort, il a appelé la «famille» et il a pensé que celle-ci l'avait abandonné. En fait, il se passait exactement ce dont il est question ici. Même lui fut dérangé par cette relève qui, dans son cas, a duré 90 minutes. Dans la plupart des cas, elle dure 90 jours. Le chiffre 9 est celui de l'achèvement et son énergie est considérable.

De la part de Lee Carroll : **Voici un exposé sur les archanges présenté par Ronna Herman, canal de transmission de renommée internationale des messages de l'archange Michaël.**

«Les grands archanges représentent sous une forme individualisée les aspects, les attributs et les qualités du Créateur suprême. Ils produisent en quelque sorte le carburant ou projettent la "nature d'amour" du Créateur. Les Élohim, constructeurs de la forme, projettent l'aspect mental du Créateur et sont les cocréateurs des mondes manifestés en utilisant la substance lumineuse universelle. Ils sont les projecteurs de la vie primordiale.

« *On pourrait avancer l'explication suivante : les archanges et les grands Êtres de lumière portent une quantité plus importante d'"essence divine" et nous sommes les facettes réfractées de ces grands êtres. Chacun des sept archanges majeurs de notre galaxie incarne des vertus, des qualités et des aspects particuliers du Créateur, et les répand. Par exemple, l'archange Michaël répand le Premier Rayon de la volonté et du pouvoir divins. Chaque autre archange éclaire ainsi d'un rayon l'humanité et la Terre en des cycles de 2 000 ans. Le rayon prédominant en ce moment est le Septième – celui de la Flamme violette de transmutation, de l'ordre cérémoniel, de la liberté, de la rédemption et de la purification –, et l'influence secondaire est celle du Premier Rayon de la volonté divine de créer.*

« *L'hôte angélique de cet univers s'est manifesté sous la direction des douze grands archanges venus du Grand Soleil central et qui établissent le lien entre l'humanité et le Créateur.*

« *Les archanges sont les porteurs des décrets divins et ils sont présents en force lors des périodes d'intense évolution, pour interagir avec l'humanité.* »   [http ://www.ronnastar.com]

– Vous dites que la Terre est une planète de leçons où a lieu un test qui affecte des milliards d'êtres ainsi que l'énergie de tout le cosmos. S'il s'agit vraiment d'un test objectif pour voir si nous sommes attirés naturellement vers la lumière (et ça fonctionne), il me semble alors que les enseignements que nous recevons par votre intermédiaire et par celui d'autres canaux de transmission spirituels viennent en fausser la valeur. Comprenez-moi bien : je suis un fervent lecteur de vos livres et les informations que j'y trouve contribuent grandement à mon évolution spirituelle. C'est simplement que cette petite question n'arrête pas de me turlupiner.

Je comprends parfaitement votre question et elle est pertinente. La comparaison suivante vous aidera à résoudre votre problème : dans une salle de classe, vous disposez du libre choix. Sur les étagères se trouvent des livres contenant les réponses et vous avez le choix de les consulter ou non. Si vous les consultez, vous pouvez choisir entre les réponses scientifiques, religieuses, philosophiques ou autres.

Il en est de même pour le test terrestre, sauf que le nombre de livres s'est accru avec le changement énergétique. Vous avez toujours le choix d'ignorer ces ouvrages ou de consulter les plus anciens. C'est donc honnête. Aucun test ne vous serait donné sans que les réponses soient disponibles. Le test a toujours consisté à découvrir où se trouvent les *livres*.

– J'ai lu quelque part que les travailleurs de la lumière bénéficient à l'heure actuelle d'une protection supplémentaire. Sommes-nous sans cesse protégés contre les forces invisibles qui cherchent à nous nuire ? Jésus a dit que des légions d'anges le soutenaient et qu'il n'avait qu'à les solliciter. Ai-je raison de croire que nous possédons aussi cette aptitude puisque nous marchons sur ses traces ?

(Je crois que nous recevons en fonction de nos croyances et qu'il suffit de les assumer. Ai-je répondu moi-même à ma question ?)

L'humain éclairé marche sur les traces de tous les maîtres, pas seulement sur celles des maîtres juifs.

Vous êtes désormais protégé par la conscience interdimensionnelle de ce qui vous entoure, ce qui vous procure la sagesse millénaire ainsi que la certitude de vous trouver au bon endroit au bon moment. Les «légions d'anges» vous ont toujours accompagné. Quand vous entreprenez ce voyage de découverte intérieure, vous puisez dans la raison même de leur présence ici et vous vous joignez à leur sagesse collective. Les maîtres le savaient et c'est justement cette référence que vous citez.

Là réside le secret de la cocréation qui fait de vous un travailleur de la lumière. Quand on allume la lumière dans une pièce sombre, on «voit» alors tout ce qui était caché à la vue. C'est là votre protection et c'est vous-même qui l'effectuez avec de nouveaux moyens, non pas avec l'aide d'une force extérieure.

Les humains tridimensionnels veulent que Dieu fasse tout pour eux : créer des choses, les protéger du danger, les nourrir et ainsi de suite. La vérité, c'est qu'en atteignant intérieurement la maîtrise vous devenez ce fragment divin dont vous sentiez qu'il était votre protecteur. Par conséquent, vous créez vous-même votre propre protection !

Heureux l'humain qui le comprend ! Pourquoi vouloir être sous la protection de Dieu quand vous êtes vous-même Dieu ? Lorsque tout va mal autour de vous, allumez la lumière et voyez ce qui vous était caché ! Alors, par votre propre pouvoir, vous pourrez prendre des décisions qui feront se manifester une existence paisible et protégée.

– On m'a dit que l'âme des grands maîtres se fragmente et que chaque morceau s'incarne en humain. Pourriez-vous m'en dire davantage à ce propos ?

Toutes les âmes vivant sur cette planète se fragmentent en plusieurs parties et vous vous considérez pourtant comme des individus linéaires et singuliers. Par conséquent, ce que l'on vous a dit est exact métaphysiquement et interdimensionnellement. Sachez toutefois que vous êtes tous aussi composés de plusieurs fragments dont certains se trouvent de l'autre côté du voile tandis que d'autres résident sur cette planète en tant que guides pour d'autres humains.

Il s'agit ici de la révélation la plus complexe que nous vous ayons jamais faite et nous avons d'ailleurs abordé ce sujet plusieurs fois. Ne soyez donc pas étonné si vous trouvez que l'information s'est transformée en une simple explication. Ce n'est pas simple et ce ne sera pas compréhensible tant que vous vous considérerez comme un être « singulier ».

– Ma question concerne l'effacement du karma. Selon vos explications, cet effacement est possible en ce nouvel âge par la simple intention pure. Cependant, un certain site Internet opérant sous le nom du Seigneur Maitreya présente un autre point de vue. Je cite ici un message récent de ce maître : « Il n'y a aucun moyen facile de vous libérer de la roue karmique. Cela exige beaucoup de travail, de discipline, de détermination, ainsi qu'une lutte entre le soi et le Soi supérieur. Toutefois, pour certains d'entre vous qui peuvent en récolter les fruits, c'est-à-dire ne plus jamais revenir sur le plan terrestre, ce combat en vaut la peine. » Veuillez s'il vous plaît me dire qui nous devrions croire en ce moment. J'étais en paix à ce sujet, mais je suis de nouveau embrouillé après avoir lu cela !

Votre citation est exacte, mais Maitreya ne dit pas que vous devez souffrir toute votre vie en luttant contre votre karma pour le liquider. Le travail est indiqué, nous sommes d'accord là-dessus. Il n'y a pas de contradiction entre ces messages. Kryeon ne dit pas que vous pouvez éliminer votre karma en prononçant des paroles magiques. Il dit plutôt que vous pouvez maintenant le liquider sans avoir à le traverser, tout comme les maîtres l'ont fait, tandis que la *seule* façon de l'éliminer dans la vieille énergie était de le vivre. Vous êtes désormais en mesure de l'éliminer par l'intention pure, ce qui constitue le début du cheminement. Viendront ensuite l'apprentissage et la patience. Vous finirez par vous en libérer et il est absolument vrai que cela en vaut la peine.

Notre message porte sur un processus personnel nouveau pour l'humanité. Vous pouvez entreprendre ce cheminement d'autoévaluation et d'élimination karmique avec une intention pure et le réaliser. Si vous voulez vraiment relire notre message sur la liquidation karmique et l'ascension, vous le trouverez dans *Le Retour*, un livre où nous relatons l'histoire d'un homme qui y est parvenu. Beaucoup de travail, un combat entre le soi et le Soi supérieur, et une issue heureuse.

– Quand je récite, ou chante, des mantras, je sais qu'ils ont des effets sur mon corps. Mais peuvent-ils affecter aussi le corps de mes chevaux, de mes chiens et de mes chats? Je fais jouer divers mantras 24 heures par jour sur notre ferme équestre (des chants comme Lumen De Lumine*,* Om Mani Padme Hum *et* Om Namah Shivaya*). Je me demande également si ces chants peuvent aussi aider à élever la vibration de la planète. Je l'espère en tout cas, car c'est là mon humble intention bien que je les utilise principalement parce qu'ils me font du bien.*

Tout *toning* (émission de sons spécifiques par la voix humaine) et toute vibration sonore contiennent de l'énergie. Quand vous les combinez avec l'intention de la conscience humaine, l'effet est très puissant. Ne vous attardez pas trop sur les détails exacts relatifs à telles notes ou à tels mantras que vous utilisez, car ces détails ne sont là que pour vous remplir d'aise du fait que vous suivez un système. Les humains aiment les systèmes et y répondent bien, mais cette perspective n'émane pas nécessairement de l'Esprit.

Il est vrai que presque tout ce qui vous entoure, incluant votre corps, possède des attributs tonals précis. Cependant, toute cette vie autour de vous répondra, même si vous ne prononcez pas ou ne chantez pas sa fréquence particulière. C'est que *l'intention* de vos actions est perçue comme étant «porteuse» de tous les tons. Donc, même si vous ratez la note par manque de connaissance ou de talent vocal, l'intention transporte la note correcte à un niveau interdimensionnel.

Cela couvre les mantras que vous mentionnez. Ils n'ont de puissance qu'en raison de l'intention que vous y placez et des mots qui ont une signification pour vous. Les animaux répondent à la même énergie. Ils sentent l'intention et ils aiment les sons vocaux que vous produisez. Ils n'ont cure de telle langue ou tel mantra. Voyez-vous le pouvoir que votre propre conscience humaine a sur la nature et sur tout ce qui existe autour de vous?

– Vous avez dit qu'il y a du pouvoir dans l'expression vocale des termes hébreux qui désignent les dimensions de l'ADN que vous révélez. Pouvons-nous activer la conscience de cet ADN en nous en faisant une prière à haute voix ou en chantant? Est-ce ainsi que l'expression vocale devrait être utilisée?

Tous les caractères hébreux et plusieurs noms de Dieu en hébreu sont porteurs d'énergie. Quand on les prononce, ils émettent une énergie à laquelle Gaia répond. (À propos, utiliser la langue lémurienne à voix haute serait encore mieux si vous la connaissiez.)

Mais ces choses ne sont pas vraiment nécessaires pour qu'un être humain atteigne l'illumination, pour qu'il active son ADN ou qu'il passe à un autre niveau. Elles font simplement partie d'une volumineuse caisse d'attributs énergiques, des outils qui sont sur terre pour vous aider à trouver votre équilibre.

La seule chose qui fait que l'ADN répond à un quelconque son émis par vous, en n'importe quelle langue, c'est *l'intention* que vous y placez. Dans une langue, aucun caractère ou aucun mot n'a de pouvoir en soi. L'expression vocale de tout mot est puissante lorsqu'elle est combinée avec ce que vous en savez, ce que ce mot signifie dans cette langue et ce qu'il signifie pour vous. Je sais que ce n'est pas ce que certains veulent entendre sur la question, car nombreux sont ceux qui accordent des attributs énergétiques aux mots et aux tons eux-mêmes. Comme si vous pouviez être là à marcher tranquillement en vous occupant de vos affaires et qu'en entendant l'un de ces mots, vous en soyez affecté.

La véritable science derrière la technique du *toning* des mots anciens révèle que le vrai pouvoir se manifeste quand vous combinez le *toning* avec une conscience de l'action. C'est donc réellement une technique de méditation qui vous aidera, et non un simple son qui agit sur vous comme par magie.

En somme, ces mots et ces sons parlent en effet à l'ADN quand ils sont prononcés à voix haute. Mais tout cela doit s'accompagner de l'intention. Il en va ainsi pour tout *toning* et vous pouvez en recevoir les bénéfices en participant ou uniquement en écoutant, tant et aussi longtemps que vous placez correctement votre intention.

Les sons les plus puissants proposés aujourd'hui sont dérivés d'anciens sons plus vieux que l'hébreu. Ces sons ont été développés pour votre biologie par ceux qui pouvaient « voir dans l'ADN » et, par conséquent, savoir ce qui vous équilibrerait le mieux.

Ainsi, la réponse au « comment » est donnée encore une fois… avec l'intention !

– Je travaille depuis plusieurs années avec de jeunes enfants à titre d'enseignant de première et de deuxième année près de Toronto (Canada). J'attends encore de voir clairement les caractéristiques attribuées aux enfants indigo. Est-il possible que le comportement des indigos se manifeste différemment près des pôles ?

En effet. L'énergie des êtres magnétiques est très différente dans certaines régions plus froides près des pôles et nous l'avons indiqué lors de messages canalisés précédemment. De plus, votre région est même différente, sur le plan magnétique, des régions situées à l'ouest de votre propre pays. Tout cela change la conscience potentielle des humains, si toutefois ils ont l'intention de s'en prévaloir. Pensez-vous qu'il s'agit d'une pure coïncidence si l'équateur présente un tel potentiel sombre dans plusieurs domaines humains ? Les humains n'ont pas tellement réfléchi à la question.

Vous avez des indigos dans vos classes, mais ce qui diffère, c'est que la région où vous vivez est plus en harmonie ; donc, les parents savent mieux intuitivement comment élever ces enfants. Souvenez-vous de la vérité au sujet des indigos : leurs comportements apparemment difficiles sont en lien direct avec leur environnement familial et scolaire. Les indigos ne sont pas difficiles quand ils sont honorés et qu'ils ont la possibilité de choisir. Vous le faites intuitivement dans votre classe et nombre de gens en font autant à la maison. Ce n'est pas le cas quelques centaines de kilomètres plus au sud de votre région ou même à l'ouest, et les médias le corroborent.

Bénis soient ceux qui sont passionnés par les enfants de la Terre, car ils comprennent qu'ils sont eux-mêmes des enfants.

– J'aimerais vous poser la question suivante : qu'est-ce que je dois vraiment savoir ?

Ce que vous avez besoin de savoir en ce moment, c'est comment créer autour de vous une énergie qui vous garde équilibré et joyeux, quoi qu'il arrive dans votre vie ou dans le monde. Pouvez-vous voir les choses sous un angle sacré ? Pouvez-vous envoyer de la lumière aux endroits qui en ont le plus besoin afin d'y permettre le libre choix, ou bien vous complaisez-vous dans les crises politiques ? Ce que vous apprenez de plus important à l'heure actuelle, c'est l'acquisition d'une vision interdimensionnelle de tous ces problèmes. Apprenez à voir ce qui est approprié, dans une vue d'ensemble, puis mettez-vous au travail : envoyez de la lumière dans les endroits de la Terre qui en ont le plus besoin, soit le Moyen-Orient, l'Afrique, et les gouvernements impliqués. Faites-le avec une intégrité spirituelle, sans le moindre préjugé. Éclairez ces régions pour que leurs habitants puissent voir ce qu'ils ne voient pas à présent et qu'ils puissent ainsi faire un meilleur choix. Soyez le phare ancré sur le rocher et qui guide les navires à bon port. Ne prenez pas parti. Ne jugez pas le système de croyances de ces navires. Tenez simplement la lumière et l'ancre, et laissez l'Esprit faire le reste.

– Si nous jouissons du libre arbitre et si notre travail requiert que nous soyons en sécurité « au-delà du voile », à l'écart de vous et de notre foyer, pourquoi avez-vous la permission de nous parler et de nous révéler des parcelles de vérité ?

Vous avez peut-être remarqué que mes réponses ne révèlent jamais de secrets que vous devez découvrir par vous-mêmes. Je suis un guide et je ne fais rien de plus que ce qui m'est permis depuis le début, soit donner de l'information qui vous aide à trouver les réponses. Mon enseignement n'est pas différent de celui des autres entités angéliques. Nous suivons tous les mêmes règles en ce qui concerne l'humanité. La seule chose qui a changé, c'est que j'ai pu livrer mes messages dans un lieu plus prestigieux grâce à l'accélération de l'énergie planétaire. C'est à cause de vous, et l'on pourrait dire que le moment décisif fut le 11:11 de 1987, qui a ouvert la porte à davantage de connaissances. C'est comme si je contribuais à la rédaction d'un nouveau chapitre de votre divinité et que je vous exhortais à en apprendre davantage dans des domaines qui ont toujours existé, mais qui sont maintenant plus importants que jamais. Vous vous rappelez ce que je vous ai dit il y a quelque temps ? « Quand on allume la lumière, on voit alors des choses qui facilitent l'action. Cela ne veut pas dire que ces choses n'existaient pas avant de donner de la lumière. »

— Mes deux sœurs et moi sommes des triplés. On nous a dit que nous étions une seule âme habitant trois corps. Je croyais que chaque corps hébergeait une âme particulière. Je pense que mon ego est vexé du fait que je ne sois pas un « individu ». Pourriez-vous m'éclairer là-dessus ?

La chose la plus difficile à expliquer à un humain, c'est l'idée que quelque chose d'apparemment singulier puisse être multiple en réalité. Vous semblez être une seule âme parce que vous avez un seul corps. Quand vous représentez les anges en dessin ou en peinture, vous leur donnez de la peau, des ailes et un nom même si ce sont des êtres interdimensionnels !

Ainsi, vous continuez à croire à l'équation « un corps, une âme ». En réalité, chaque être humain est multidimensionnel et se trouve à plusieurs endroits en même temps. Même au moment où vous lisez ces lignes, des parties de vous font autre chose ailleurs. Y a-t-il donc une seule âme en plusieurs endroits ou bien plusieurs ? Les deux. La dimension dans laquelle vous vivez limite votre compréhension puisque tout ce que contient votre réalité est singulier.

Nous ne pouvons donc pas répondre à votre question telle qu'elle est posée, car aucune personne qui vit sur cette planète n'a qu'une seule âme. Voici plutôt une meilleure question : « Vos sœurs ont-elles le même but unique que vous ? » La réponse est non, comme votre intuition vous l'a sans doute indiqué. Elles ont peut-être les mêmes aspects astrologiques, mais chaque humain est un fragment distinct de Dieu, multidimensionnel, et donc non singulier. Chacun est ici pour y apprendre ses leçons indépendamment des autres.

Le plus déroutant, c'est ce que vous partagez avec vos sœurs, soit un fil divin qui peut sembler «une seule âme» à un lecteur de la quatrième dimension. Ce fil constitue votre lien karmique et il est la raison pour laquelle vous êtes venues ici ensemble. C'est une question de potentialités, d'énergies passées, et c'est lié à votre apprentissage présent. Mais il ne s'agit pas de la «même âme».

Établissons une comparaison avec un bol de soupe. Ce dernier est singulier en apparence et pourtant son contenu est fluide et insaisissable. Vous ne pouvez pas demander combien de soupe le bol contient, car c'est différent pour chacun. La soupe symbolise la divinité. Ne vous laissez pas tromper par les contenants. Ils ont peut-être tous la même grosseur et la même couleur, mais la soupe qu'ils contiennent est différente et n'a pas le même goût. Elle comporte plusieurs composantes qui la définissent. Elle peut être nourrissante ou empoisonnée. Seule la soupe peut décider de sa vibration.

Réjouissez-vous-en avec moi! Votre situation n'est-elle pas merveilleuse? Votre connexion à vos sœurs est unique à l'humanité. Seuls les jumeaux et les autres humains à naissance multiple la possèdent. Voilà pourquoi vous serez toujours «connectées» tant que vous vivrez. Quand l'une de vous partira, vous serez encore connectées entre vous! Il en est ainsi sur le plan multidimensionnel.

– Kryeon, j'ai lu vos cinq premiers livres et j'en suis maintenant au sixième. À la lumière de ces textes, j'en conclus qu'un désir de célébrité est une route incorrecte à emprunter puisqu'elle est remplie de choses négatives comme l'avidité et l'ego. Une personne peut-elle être un travailleur de la lumière et avoir aussi le désir d'être célèbre? Est-il correct que je suive mon désir et ma passion de devenir une

vedette rock reconnue ? La célébrité et la richesse peuvent-elles faire partie du contrat d'une personne illuminée ?

Sachez que la célébrité en soi est un but inapproprié, car c'est un attribut qui n'aide personne d'autre que celui ou celle qui le désire et c'est un produit de l'ego humain. Cependant, ce n'est peut-être pas ce qui se passe réellement dans votre vie.

En effet, il se peut que vous distinguiez les possibilités que recèle votre vie et que vous y voyiez la célébrité. Mais ce sont vos talents et la passion que vous éprouvez pour votre musique qui vous l'amèneront, et non un but que vous vous serez fixé. L'Esprit peut utiliser les gens célèbres. Cette voie présente de nombreux pièges, mais un être équilibré peut accomplir et accepter la célébrité avec grâce et maturité, et devenir un musicien encore plus grand pour cette raison.

Pensez à ce qu'une vedette rock célèbre pourrait faire ! L'univers aimerait cela ! Ce n'est donc pas le « tabou » que vous croyez. Quand elle est atteinte dans l'intégrité, en contrôle du moi et avec professionnalisme, la célébrité peut s'avérer une aide énorme pour des milliers d'observateurs, car elle peut alors vivre dans la lumière, montrant aux autres quelque chose qu'ils pensaient inexistant. Comment la personne de grand renom traite-t-elle les autres ? Comment agit-elle avec les médias ? Comment ce travailleur de la lumière agit-il par rapport à l'argent ? Vous voyez ? Si les yeux du public sont constamment posés sur vous, pensez seulement à ce que vous pouvez lui montrer quand vous menez une vie équilibrée, avec un ego équilibré.

Si une telle chose était possible, la personne célèbre deviendrait encore plus célèbre ! C'est un fait, car les humains aiment un grand talent combiné à un moi équilibré. Ils vous aimeraient et souhaiteraient en savoir davantage sur la façon dont vous avez accompli cet état, et vous auriez alors la chance de le leur dire.

— Je sais que vous avez abordé de nombreuses fois la question des guides. Je comprends que nos guides sont tous ensemble comme dans un grand réservoir. Alors, pourquoi les médiums ou les artistes peintres télépathes décrivent-ils ou peignent-ils tant de guides à l'image des Amérindiens ? À l'évidence, nous ne pouvons pas tous avoir des guides amérindiens. Ou bien nous aimons penser que c'est le cas et c'est donc sous cette forme qu'ils se montrent à nous. Il semble qu'une personne ordinaire ne soit jamais présentée comme guide.

En fait, vous avez répondu à votre propre question. Cela est culturel et propre à votre pays. Les Amérindiens sont perçus comme de bons guides pour les humains et les Américains s'accordent bien avec l'idée d'un tel guide. Par conséquent, les guides sont souvent peints ou présentés ainsi. Cette même attitude humaine se manifeste dans d'autres domaines aussi, des domaines auxquels vous ne pensez jamais. Par exemple, vous dessinez des anges avec de la peau et des ailes. Ils n'ont pourtant rien de cela, mais dans une culture humaine il leur en faut. Voilà une tendance humaine. Un de vos maîtres les plus populaires [le Christ] était juif et il arborait des caractéristiques physiques marquées appartenant aux peuples du Moyen-Orient. Pourtant, il est peint avec des yeux bleus et des cheveux blonds dans nombre de vos tableaux.

Un artiste européen pourrait dessiner votre guide davantage comme un personnage biblique, et un artiste asiatique pourrait dessiner des moines. Chacun est influencé par sa culture. Mais, en fait, les choses sont comme elles doivent être, car aucun humain ne peut réellement dessiner un guide.

Néanmoins, vous pouvez apprécier et aimer le processus.

— Récemment, je suis tombé sur Un cours en miracles *pendant que je lisais* Et l'univers disparaîtra, *[Ariane éditions] et j'ai un problème depuis. Il me semble que ces écrits présentent*

beaucoup de similitudes avec votre matériel, mais aussi beaucoup d'éléments qui n'y sont pas alignés.

Pourquoi êtes-vous surpris que d'autres sources présentent une matière semblable à celle de Kryeon ? Je représente la Source et, par conséquent, ces choses devraient se retrouver partout. En même temps, nous avons tant offert dans nos écrits aux fins de réflexion et d'examen de votre part. Quand vous rencontrez des disparités, nous vous encourageons à étudier tout aspect de la question qui vous attire, puis à utiliser votre propre discernement pour décider que faire avec cela.

Mais, en même temps, nous essayons de vous fournir une guidance en matière de discernement et de vous signaler des éléments qui vous auraient échappé. Quand vous prenez connaissance d'éléments qui sont très différents, prenez vos décisions d'après ce qui suit :

Ces éléments magnifient-ils l'être humain ou le démolissent-ils ? La faiblesse humaine fait partie intégrante du test. Partant, la question est la suivante : l'étude montre-t-elle comment l'être humain peut s'élever au-dessus des détails et créer un but divin ? Sinon, quel est alors le but de tout cela ?

Méfiez-vous de toute étude ou de tout processus qui tente de limiter votre pouvoir ou le pouvoir potentiel de l'humanité de créer la paix sur terre. Si l'étude vous garde sous sa coupe ou vous enseigne que « seuls ceux qui sont plus forts que vous peuvent y arriver », sauvez-vous dans la direction opposée.

L'étude présente-t-elle le moi émotif comme étant important et parle-t-elle du pouvoir de l'amour ? Méfiez-vous de tout enseignement qui est si intellectuel que le moi émotif y est perçu comme une faiblesse, car c'est faux. Souvenez-vous simplement que Dieu est AMOUR. Et que la JOIE est un produit de cet amour. Par conséquent, vous êtes une créature aussi bien émotive qu'intellectuelle et l'équilibre entre les deux est la clé d'un moi éclairé.

L'étude exige-t-elle que vous abandonniez quelque chose, ce qui vous rend mal à l'aise, nerveux? Souvenez-vous que Dieu ne vous demandera jamais de sacrifier votre propre intégrité.

Très cher, de nombreux sentiers conduisent l'être humain vers l'illumination. Si vous constatez en cours de route que certains détails diffèrent (ce qui s'est passé, ou comment; ou qui a fait quoi, ou quand...), sachez que cela importe peu à Dieu. Ce qui importe, c'est que vous en veniez en fin de compte à découvrir la magnificence du potentiel humain, à atteindre l'équilibre, à vivre une existence plus longue et à créer la lumière pour cette Terre qui est vôtre. Le but est une Terre aux vibrations plus hautes et une humanité qui n'a pas à souffrir pour y être. Le but consiste à atteindre la maîtrise afin que votre vie démontre clairement l'amour de l'Esprit dans tout ce que vous faites.

– Quelle est la différence entre l'âme et le Moi supérieur?

Il n'est pas rare sur votre planète que des idées et des concepts spirituels soient désignés par le même terme. Ce peut être ici le cas. Toutefois, de notre point de vue l'âme et le Moi supérieur sont différents. Avant de définir tout cela, nous aimerions parler brièvement des termes en général.

Quand vous sont révélés des attributs interdimensionnels ou des énergies intuitives, il n'existe aucun dictionnaire cosmique que vous puissiez consulter. Par conséquent, ceux qui canalisent ou qui donnent régulièrement ce genre d'information doivent traiter de concepts tout de même très réels, mais sans terminologie établie. Vous pouvez donc vous retrouver avec plusieurs termes désignant la même chose, en fonction de la source. Ce n'est pas un conflit, mais plutôt de la simple sémantique et ce qu'il advient quand on entre dans une très nouvelle énergie où beaucoup de choses uniques et exceptionnelles vous sont présentées.

L'âme est souvent perçue comme l'ensemble de tout ce que vous êtes. Cela inclut tous les «soi» que vous avez, y compris ceux qui ne sont pas ici dans la quatrième dimension. Par conséquent, c'est un terme qui indiquerait un «ensemble divin» et il est souvent employé pour désigner votre entièreté – votre système complet. Cela inclurait la présence «JE SUIS» dans l'univers.

Le Moi supérieur est un terme donné à la partie de vous qui est engagée directement dans la communication avec Dieu et la partie de vous qui est connectée en tout temps à la famille. Par conséquent, vous pourriez dire qu'il décrit une partie de vous-même.

En somme, la différence entre ces termes est que l'un désigne la totalité tandis que l'autre désigne une partie.

– Avec l'écroulement de la quatrième dimension et l'entrecroisement de multiples dimensions, comment pouvons-nous maintenir l'harmonie et l'équilibre en nous-mêmes et dans nos foyers (pour garder le chaos à un bas niveau) ?

Quelle merveilleuse question! Cela, très cher, représente l'intégralité du travail de Kryeon et de son entourage. Nous continuerons à transmettre nos messages et à remplir des livres de réponses, d'enseignements et de directives précisément sur ce sujet.

La première étape? Réclamez votre partenariat avec le divin. Une fois que vous commencez à «faire vôtre» cet attribut, les réponses à tant de choses apparaissent d'elles-mêmes. Votre ADN change et votre facteur de patience augmente.

En fait, la quatrième dimension n'est pas en train de s'écrouler, mais de s'engager avec le reste des dimensions alors que le voile se soulève légèrement. Si vous conserviez un vieux paradigme, il pourrait en effet en résulter du chaos. Vous devez donc changer. Voilà la réponse.

— La vengeance me tient au tapis depuis près de dix ans. Je sens que si je pouvais m'en défaire, je m'élèverais. Comment puis-je lâcher prise devant cette noirceur appelée vengeance ?

Très cher, soyez béni pour cette question. D'abord, vous avez totalement raison. Quand vous vous débarrasserez de ce mécanisme dans votre vie, tout changera ! Car c'est un fait qu'il vous retient d'avancer.

La partie difficile est de vous en débarrasser. Depuis quinze ans, nous enseignons la maîtrise, l'activation de l'ADN, l'intention pure et la méditation avec le Moi supérieur. Tout cela sert à créer un « moi équilibré ». Cependant, nous vous recommandons aussi d'essayer des sources de facilitation extérieures pour vous aider à vous équilibrer et à avancer plus vite.

La vengeance et la haine sont parmi les émotions les plus difficiles à vaincre, car elles forment aussi une habitude énergétique dont vous dépendez pour maintenir la force de votre résolution. Cette énergie agit alors comme une drogue qui nourrit le drame et le stimule en vous à un niveau que vous ne percevez pas, mais dont vous connaissez l'existence. Comme pour toute autre dépendance, des spécialistes peuvent vous aider à amorcer un processus de nettoyage pour vous en débarrasser mieux que vous ne pourriez le faire par vous-même.

Recherchez des techniques d'équilibrage. L'équilibrage du champ électromagnétique du corps humain est un très bon début. Cependant, toutes les techniques ne conviennent pas à chaque personne ; plusieurs peuvent donc vous convenir, mais d'autres pas. Par conséquent, examinez-en plusieurs jusqu'à ce que vous trouviez celle qui vous convient le mieux, puis consacrez-vous à atteindre de hauts niveaux de compréhension de ce domaine particulier. Si vous le faites, vous acquerrez ainsi une merveilleuse liberté qui vous permettra de résorber ces sentiments. Vous pouvez y arriver!

– Ma question porte sur la nature du terme «vieille âme». Lors d'une de vos conférences, vous avez affirmé que tout le temps se loge dans le maintenant, c'est-à-dire que le passé, le présent et le futur se déroulent dans l'instant présent. J'acquiesce à cette idée. Mais si c'est le cas, comment se fait-il qu'il y ait de vieilles âmes puisque toutes nos vies, dont celle-ci, ont lieu au même moment?

Cela ne fait-il pas de nous tous de vieilles âmes et de nouvelles âmes, indépendamment de cette vie, ce qui, par conséquent, annulerait tout besoin de nous placer dans une catégorie d'âmes? Si une personne est une «vieille» âme et une autre une «nouvelle» âme, cette catégorisation n'amène-t-elle pas la séparation et un système de caste de l'âme plutôt que l'égalité et l'unité? Si vous avez une perspective à m'offrir au regard de cette question, je vous en serais reconnaissant.

Vous connaissez déjà la réponse et elle relève de la sémantique. De l'autre côté du voile, où tout est perçu comme interdimensionnel, il n'y a pas de temps linéaire. Par conséquent, vous êtes simplement une âme éternelle. De votre côté du voile, vous êtes une vieille âme puisque votre vie s'insère dans un cadre où la linéarité fait partie du mode de fonctionnement.

Pendant que vous lisez ceci, vous devez absolument voir chaque mot placé l'un à côté de l'autre et à la file pour saisir le message du texte. Comme c'est limitatif! Pourquoi ne pas simplement prendre cet écrit et le manger pour avoir le message entier en même temps? La réponse est évidente. Vous êtes limité dans votre perception et l'information doit vous parvenir dans un mode linéaire lent et limité où vous utilisez vos yeux et votre cerveau. Voilà pourquoi nous devons employer des termes linéaires pour vous aider à comprendre comment cela fonctionne dans votre réalité. De plus, savez-vous qu'aucun terme dans votre langue n'existe pour désigner un objet qui n'a ni commencement ni fin? S'il y en avait un, nous l'aurions employé. Alors, nous retenons les mots *ancien* ou *vieux* pour indiquer sagesse et expérience.

Ceux d'entre vous qui souhaitent discuter de ce genre de choses auraient avantage à supprimer l'envie intellectuelle de discuter de scénarios comme celui de la poule ou de l'œuf et à aller droit vers l'or. Devenez plutôt interdimensionnels afin que les vraies réponses aient du sens à vos yeux sans que vous ayez jamais à poser vos questions sur un morceau de papier bidimensionnel.

– Dans l'un de vos ouvrages vous dites que nous aurions besoin «d'un joueur de la septième dimension» pour faciliter notre autoguérison par le son. Plusieurs méthodes combinant la couleur et le son (les vibrations des couleurs converties en tonalités musicales) sont disponibles et considérées comme efficaces. Sont-elles vraiment utiles ou devrons-nous attendre la venue parmi nous d'un musicien de la septième dimension? (C'est une blague terrestre.) Quel conseil pouvez-vous nous donner à ce sujet?

On pourrait considérer comme une blague cosmique ou même comme une allégorie cette information concernant un «joueur de la septième dimension», mais il s'agissait d'un commentaire à prendre au sens propre. Un jour viendra où vous pourrez «écouter» les autres dimensions et y entendre un chœur (ce n'est pas vraiment une image). C'est une question de physique interdimensionnelle, que nous appelons «la nouvelle physique». Au cours des années à venir, vous découvrirez l'existence de «l'énergie manquante» qui vous entoure ainsi que toutes ses implications. L'ouverture de cette porte donnera lieu à un brillant développement d'instruments susceptibles de révéler cette énergie. En quelque sorte, ce sera là le début de «l'équipement interdimensionnel» vous permettant de percevoir l'univers invisible qui est présent autour de vous depuis toujours.

– Je comprends parfaitement le principe de la visualisation de la lumière et de sa projection à l'extérieur, mais j'ai beaucoup de difficulté à effectuer cette visualisation. L'expérience finit toujours par s'avérer épuisante tant physiquement qu'émotionnellement. Merci beaucoup de m'aider à faire cela plus facilement.

Très chère, vous n'avez pas à «voir» quoi que ce soit. La beauté est présente sans que vous la visualisiez. Aimez-vous votre famille? Vos enfants peut-être? Quelle «image» avez-vous de cet amour? Réponse : l'amour ne se visualise pas. Il se projette depuis votre divinité intérieure, et vous le ressentez. Ressentez donc ainsi la lumière à l'intérieur de vous; elle est l'amour de l'humanité et de la planète, et c'est ce que vous devez projeter. Il n'existe pas de plus grande lumière que celle de l'amour. Si vous la projetez ainsi, vous ne serez pas épuisée, car elle débordera d'elle-même.

– Je ne sais plus «qui» prier. Peu à peu, avec le temps, j'ai fini par croire que nous sommes tous des «fragments de Dieu» et que l'humain terrestre appartient à un «groupe». Vous nous avez dit faire vous-même partie d'un «groupe».

Je présume que les anges comme Michaël et Gabriel, ainsi que les maîtres comme Jésus et le Bouddha, forment également des « groupes ». Je sais que nous pouvons dialoguer avec notre Soi supérieur et avec nos guides, mais un groupe, ou une entité, est-il responsable de tout ? Y a-t-il un « Père » ? L'univers est-il une grande démocratie ?

Non seulement votre question révèle-t-elle de l'intuition et de la sagesse, mais elle montre aussi les limites que vous vous êtes imposées dans la dualité. Les humains compartimentent tout et dressent sans cesse des organigrammes. Il s'agit d'un processus entièrement linéaire qui ne correspond aucunement à la réalité de l'autre côté du voile.

Prenons de nouveau comme exemple un grand bol de soupe. Son contenu est organisé, il a un goût, une valeur nutritive et une forme. Pourtant, personne n'est chargé de la soupe. Vous pourriez répliquer que celle-ci n'a pas de conscience et qu'elle n'a pas à réfléchir ni à prendre de décisions. Vous croyez ? Pensez-vous que ses molécules se sont créées elles-mêmes et qu'elles se sont organisées en des structures si complexes que même la science n'y comprend rien ? Ne savez-vous pas que même les choses aussi simples qu'une soupe procèdent d'un plan, d'un système et d'une coordination ? Alors, qui est chargé de tout cela ? Où est la démocratie ? Qui donne les directives ?

Et si, au lieu d'une chaîne de commande linéaire, toutes les pièces avaient une parfaite connaissance du plan et s'intégraient simplement à ce qu'elles connaissent déjà, sans même avoir à communiquer entre elles ? Non seulement c'est ce que fait la soupe, mais c'est aussi ce que font l'univers et celui que vous appelez Dieu.

Oui, vous êtes tous des fragments de l'ensemble. Par ailleurs, les anges et les autres entités qui se sont identifiés au cours des âges ont également ceci en commun : ils suivent tous un même scénario consensuel qui se met à jour automatiquement. Comme vous n'avez jamais rien connu de semblable, vous ne pouvez pas vraiment l'imaginer. Vous avez même créé une mythologie des « guerres célestes » afin de justifier en quelque sorte l'état des choses, en pensant que seule une énergie conquérante pouvait vous convenir. Les actions humaines sont toujours des tentatives pour rendre Dieu linéaire.

Votre ADN renferme un code divin qui dit tout. Vous êtes divins et vous êtes donc inclus dans ce « savoir ». Plus vous vous rapprocherez de votre divinité, plus elle sera évidente et plus votre sagesse augmentera. Nous vous avons encouragés à rechercher le prophète intérieur, le livre de règles intérieur et la boussole indiquant qui vous êtes et pourquoi vous vous trouvez ici. Ridiculisant un processus qu'ils jugent déséquilibré et même mauvais, les critiques affirment que c'est aussi ce que font les tueurs en série. « Imaginez ce qui se passerait, disent-ils, si tout le monde possédait son propre livre de règles. Ce serait le chaos ! » Ils vous offrent ensuite leur propre livre de règles, souvent en toute intégrité, en expliquant ce que, à leur avis, Dieu veut que vous fassiez.

La vérité, c'est que ce « livre de règles » est individuel, mais que toutes les molécules de la soupe le possèdent. Tout le monde a donc le même scénario ! Il doit en être ainsi, car, autrement, ce que vous appelez « la nature » ne fonctionnerait pas du tout. C'est ce livre qui affirme que le « groupe » constitue une seule famille. La partie organisation (expliquée au profit de votre réalité linéaire) concerne les spécialistes. Certains membres de la famille s'occupent de la communication entre vous et nous (les guides). D'autres sont des anges pour vous, tandis que d'autres, comme moi, ont à voir avec votre science physique. Nous participons tous à l'amour de

Dieu, au soutien de l'humanité, et nous formons tous un groupe, votre groupe, le groupe familial appelé Dieu.

Qui prier? Tournez-vous vers l'intérieur. Au lieu de prier «quelqu'un», comprenez où se trouve réellement le pouvoir et créez ensuite ce dont vous avez besoin, sans penser que Dieu pourrait vous faire un cadeau, comme le chien qui attend avec patience sous la table pendant le dîner dans l'espoir que l'un des convives lui fera la charité. Ça ne fonctionne pas ainsi! C'est la grâce de votre propre existence qui est l'essence de Dieu sur terre et qui fait fonctionner toute la création. Vous êtes votre propre maître, un fait qui vous est complètement caché par votre dualité. Joignez-vous au groupe nommé Dieu. Non pas comme un être inférieur s'adressant à un être suprême, mais plutôt comme un soldat qui écrit à sa famille depuis la ligne de combat. Vous faites partie de Dieu et vous êtes un membre de la famille. Vous êtes également un être humain, l'une des rares entités de l'univers vivant et travaillant dans un lieu où elle ne peut pas connaître la vérité puisque celle-ci gâcherait l'impartialité du test.

Et vous vous demandez pourquoi nous vous soutenons et nous vous aimons tant?

TROISIÈME PARTIE

Divers, mystères

et phénomènes paranormaux

Divers, mystères
et phénomènes paranormaux

– D'après certains canaux de transmission, nous devons prê-
ter attention à nos rêves sans toutefois nous servir des guides
d'interprétation, car les vieux symboles qui s'y trouvent sont
désuets. Si c'est le cas, comment devons-nous maintenant
analyser nos rêves ? Pouvez-vous nous expliquer comment en
saisir la pertinence ?

Mes rêves sont-ils le fruit à la fois de mon imagination
et de ma réalité ? Je présume que l'on peut lier le change-
ment continuel qui a lieu dans les rêves au fait que notre
véritable réalité est multicouche, multidimensionnelle et
qu'elle peut changer en un instant. En outre, pourrait-on
dire que les scènes qui défilent dans nos rêves relèvent de réa-
lités différentes situées sur d'autres plans dimensionnels et
créées par les choix que nous avons faits ou non dans le
« passé » ? Nos rêves se déroulent peut-être ainsi dans notre
subconscient afin de nous inciter à apprendre dans cette réa-
lité-ci ce que nous avons possiblement appris ou tenté d'ap-
prendre dans nos autres réalités.

Nous allons d'abord vous expliquer, du mieux que nous le
pouvons, le pourquoi des rêves et le processus qui est alors en
jeu. Ce n'est pas nécessairement ce que vous avez laissé
entendre. La fonction du rêve humain est extrêmement complexe et il se peut bien que, même après avoir entendu notre
explication, vous ne le compreniez pas parfaitement.

Biologiquement : Sous l'aspect biologique, les rêves sont en réalité une libération de la mémoire et une réécriture des souvenirs. Ils constituent une forme de nettoyage mental que le corps doit effectuer durant le sommeil pour réorganiser le cerveau. Les souvenirs y sont replacés par ordre de priorité. Voilà la simple vérité que la science n'a pas encore acceptée ni même découverte. Très bientôt, cependant, la cartographie de l'énergie du cerveau en temps réel le démontrera. Souvenez-vous alors à quel endroit vous avez lu cela en premier !

Psychologiquement : Les souvenirs ainsi déplacés le sont souvent selon une priorité établie par nos craintes, nos amours, nos passions et même nos dépendances. Cette hiérarchie demeure très révélatrice en analyse, car elle n'a presque pas changé au cours des nombreux siècles de l'existence humaine. Les attributs non linéaires – comme de voir des gens dans des contextes où ils ne se sont jamais trouvés ou dans lesquels ils n'auraient jamais pu se trouver à l'intérieur d'une réalité quadridimensionnelle – sont fréquents puisque le cerveau déplace ces éléments d'une façon non linéaire. Supposons, par exemple, que vous transportez une boîte pleine de photos de toutes vos expériences de vie et que soudain vous la laissez tomber par mégarde. Toutes les photos s'éparpillent alors sur le sol. Quand vous les ramassez une par une, elles ne sont plus dans aucun ordre chronologique. Le passé et le présent sont mélangés. Votre tante Simone se trouve à côté d'une maison qu'elle n'a jamais vue et rend visite à vos enfants qu'elle n'a jamais connus. De plus, vous ramassez en premier certaines photos qui possèdent pour vous plus d'énergie que les autres, puisqu'elles seront rangées en un lieu précis où elles seront plus facilement accessibles au cerveau pour les rappeler à la mémoire. Ainsi, le cerveau privilégie les souvenirs selon un ordre révélateur. C'est pourquoi l'analyse psychologique a été si précieuse par le passé.

Spirituellement : Avec l'avènement de la nouvelle énergie, le statut du travailleur de la lumière et la réalité de l'ascension ont changé toutes les potentialités, de sorte que nous voyons émerger une toute nouvelle pièce du puzzle onirique. Votre nouvelle conscience fait soudainement partie du réaménagement mémoriel. De plus, si vous y travaillez (puisque vous êtes un travailleur de la lumière), le processus du rêve n'a plus le même but. Il s'agit cette fois d'une réécriture du passé à l'intérieur de votre ADN (en plus du triage biologique de ce qui est emmagasiné dans les neurones, comme nous l'avons vu plus haut). Ce processus est très difficile à décrire. Retournons aux photos éparpillées sur le sol. Supposons, par exemple, qu'en ramassant chacune vous devez récrire avec un esprit nouveau et éclairé les émotions et les énergies qui y sont associées. Le père qui vous a violée est maintenant votre « partenaire karmique », c'est-à-dire une entité qui a bouleversé votre vie pour le mieux. Votre frère dont le suicide a fait honte à la famille est l'être qui vous a fait un cadeau, soit le coup de pied au derrière dont vous aviez besoin pour entreprendre une recherche spirituelle. Le partenaire qui vous aime, qui dort peut-être à vos côtés, devient alors plus précieux à vos nouveaux yeux divins. Vous ne faites donc pas que réaménager les souvenirs. Le cerveau les récrit. C'est là un nouvel attribut puissant qui montre une nouvelle capacité des humains et qui est primordial dans les enseignements de Kryeon et d'autres canaux de lumière du nouvel âge. Les photos que vous ramassez en premier sont celles que vous récrivez et qui modifient donc votre itinéraire temporel en ce lieu nommé la Terre.

Les aspects biologiques et psychologiques coopèrent parfaitement avec votre état éclairé. Ils sont soumis au plan divin inscrit dans votre corps, réaménageant les priorités afin de vous aider à réaliser un changement dans votre ADN.

Comment interpréter vos rêves ? Eh bien, ces autres canaux de lumière que vous évoquez ont raison, à condition que vous travailliez à votre illumination. Il est exact que les vieilles interprétations excluent les nouveaux aspects spirituels du processus. Vous pouvez maintenant interpréter vos rêves entièrement à la lumière de la spiritualité. Vous avez rêvé à votre tante Simone? Pourquoi? Peut-être récrivez-vous votre sentiment envers elle et la voyez-vous sous un nouveau jour? Peut-être vous rend-elle visite sur le plan interdimensionnel afin de vous aider à récrire son histoire dans le contexte de votre vie? Il s'agit d'un phénomène très fréquent. Les parents reviennent; ceux que vous avez perdus au cours de votre cheminement quadridimensionnel réapparaissent. Vous voyez bien que c'est très complexe, mais en fait différent d'avant. Vous observerez une plus grande non-linéarité dans vos rêves.

Enfin, voici un indice. Si vous faites un rêve répétitif où un processus, une chanson ou une action semble se répéter toute la nuit (en fait, les rêves se produisent en quelques secondes à peine), cela n'a aucune signification particulière. N'essayez pas de l'interpréter. Il s'agit d'un simple écran de fumée permettant au cerveau et au divin de s'unifier. Le cerveau crée une boucle qui se déroule sans cesse pendant que votre conscience acquiert de nouvelles aptitudes.

– Pourriez-vous nous dire comment le déplacement de la grille affecte les lectures astrologiques? Il semble bien que sans une compréhension et une connaissance minimales des mesures spécifiques du déplacement de la grille, tout travail astrologique soit considérablement inexact. Pourriez-vous nous expliquer les profonds changements qui ont lieu à ce jour en astrologie?

Comme nous l'avons déjà spécifié, les détails sur le déplacement réel de la grille ne vous seraient d'aucune utilité. Les nombreux astrologues qui ont observé des modifications de leurs lectures au cours des dix dernières années doivent plutôt considérer à présent de multiples possibilités afin d'adapter leurs lectures à la nouvelle réalité. Il s'agit d'une réconciliation et d'un réajustement du système. Nous vous avons fourni l'indice suivant : le principal changement réside dans l'étendue des maisons. Il y a eu un changement de trois degrés, ce qui signifie que l'étendue de certaines maisons a légèrement diminué, alors que celle de certaines autres a augmenté. Le dernier indice que nous vous avons fourni il y a quelque temps est celui-ci : le principal changement énergétique est lié à Jupiter.

La solution réside dans une concertation des astrologues et vous disposez du véhicule parfait pour la réaliser. Ce véhicule, c'est le réseau Internet. Consultez-vous donc mutuellement !

Tout mon enseignement a évoqué la métamorphose de la brebis en berger... Cette métaphore signifie que la nouvelle énergie renforce l'individu. Le résultat d'un renforcement individuel massif n'est pas le chaos, mais plutôt la sagesse collective.

Par conséquent, les forces magnétiques et gravitationnelles qui créent les schèmes astrologiques à la naissance sont détournées vers la collectivité. Considérez ce que nous vous avons dit il y a douze ans au sujet de l'énergie de la nouvelle grille. Nous vous avons alors dit qu'elle était jupitérienne en ce nouveau millénaire. Puisque vous connaissez la science de l'astrologie, étudiez de près la signification du voyage de Jupiter en ce moment et au cours des prochaines années.

Pour effectuer de meilleures interprétations ? Oubliez les transits. C'est trop simple ? Utilisez l'intention de votre nouveau pouvoir humain. Transformez votre ADN ! Ne comprenez-vous pas que la source de l'influence astrologique se trouve dans vos cellules ?

À ce propos, n'oubliez pas d'étudier la signification de l'astéroïde Chiron. Ce « guérisseur blessé » est sur le point de changer le schème chez vous tous !

– Les planètes et leur mouvement influent sur notre carac-
tère, notre humeur et nos pensées. Nous aimerions savoir
quel est exactement le mécanisme de cette influence et com-
ment fonctionne ce système sous l'aspect scientifique.
Surtout, nous aimerions savoir comment utiliser cette
science ancienne le plus efficacement possible dans la nou-
velle énergie. Il semble exister un contrat, un « karma ».
Que se passe-t-il quand un individu s'illumine et que son
contrat s'annule ? Cesse-t-il d'être influencé par les pla-
nètes ?

Résumons ce qui a déjà été dit. Le soleil est le pivot du
système solaire et le centre énergétique de votre vie. Il existe
un mécanisme physique pour l'émission d'information par le
soleil vers les autres planètes ; il s'agit du vent solaire. Ce courant d'énergie transporte tout schème d'énergie interdimensionnelle que possède le soleil à ce moment précis et il le livre
à tout ce qui se trouve à la portée du champ magnétique du
soleil (Hélios). Il est toujours présent, mais il possède des
cycles d'intensité. Bien que la science considère le vent solaire
comme un facteur énergétique du système solaire, elle n'a pas
encore compris qu'il transporte des schèmes interdimensionnels vers les planètes.

Ces schèmes reflètent la position du soleil alors que les
autres planètes exercent leur attraction au moyen de la gravité
et du magnétisme (deux énergies interdimensionnelles). Par
conséquent, ces schèmes solaires changent constamment alors
que les planètes fournissent au soleil de nouvelles positions
gravitationnelles et magnétiques.

Quand le vent solaire qui transporte ces schèmes atteint la
Terre, il les dépose sur la grille magnétique. Celle-ci est dynamique (elle change sans cesse) et elle réagit continuellement à
la réception d'un nouveau schème. Les lignes de la grille planétaire altèrent légèrement ce schème, car vos grilles ne sont

pas cohérentes, leur influence étant plus ou moins forte selon les régions de la planète.

L'ADN humain est sensible au magnétisme puisqu'il est lui-même un mécanisme magnétique. Quand, à la naissance, l'enfant est séparé de sa mère, son cerveau reçoit un signal qui signifie : « Ton système est maintenant activé et indépendant de celui de ta mère. » Au moment de la première respiration de cette vie autonome et unique, l'ADN de l'enfant reçoit le schème du magnétisme de la grille terrestre et acquiert ce que l'on appelle les « attributs astrologiques ».

Les divers lieux de la Terre portent le schème de base, avec en plus ou en moins ce que le champ magnétique de la planète fournit en raison de l'emplacement géographique. Voilà pourquoi l'astrologie mondiale doit tenir compte du lieu de naissance. L'astrocartographie est également fondée sur ce principe.

L'astrologie est la plus ancienne science de la planète et l'on peut en prouver l'exactitude. De plus, l'astrologie « générique » exerce aussi une influence significative sur le plan strictement humain, qu'il s'agisse du cycle ovulatoire de la femme ou des profonds changements de comportement qui se produisent à la pleine lune. On ne peut y échapper. Ceux qui n'y croient pas pourraient aussi bien ne pas croire à la respiration, car c'est tout aussi inhérent à la vie que celle-ci.

La nouvelle énergie planétaire vous invite à transformer votre ADN. C'est ce qu'enseigne Kryeon. Quand on transforme son ADN, on travaille sur le cœur même de son schème de naissance. On peut donc alors travailler sur certains attributs de son gabarit astrologique et le modifier réellement, même le neutraliser. Nous vous avons tout dit à ce sujet en 1989. Les maîtres l'ont fait et vous entrez maintenant dans une ère où vous posséderez les mêmes aptitudes qu'eux. Examinez votre vie et éliminez-en les difficultés pour ne conserver que les attributs qui vous soutiennent. Voilà ce qu'est l'être humain vraiment équilibré.

Vous pouvez modifier votre sensibilité aux attributs inhérents à votre type astrologique individuel, mais vous serez toujours affecté par les influences génériques des mouvements de la lune et des planètes puisque vous n'êtes pas un élément isolé des autres. Il y a l'influence de la lune et des mouvements rétrogrades déjà indiqués. Vous pourriez bien dire, avec votre plus beau sourire, que vous n'êtes plus affecté par les mouvements rétrogrades, mais il reste que vous ne devriez pas signer de contrats durant ces périodes, car tout votre entourage en subit toujours l'influence. Réfléchissez un peu.

– Qu'en est-il des prophéties sur une guerre dont vous dites qu'elles ont été invalidées ? Pourquoi alors les événements actuels sont-ils liés aux prophéties bibliques (l'avènement de l'antéchrist et de la Troisième Guerre mondiale) ? Les prophéties bibliques peuvent-elles être modifiées par la volonté humaine ?

Nous vous avons affirmé que l'Harmagedôn avait été évité, et ce fut bien le cas. Les principales prophéties que comportent vos Écritures dépeignent une situation désormais impossible à la fois dans le cadre temporel donné et avec les participants déjà nommés. Ceux qui affirment qu'il existe encore une corrélation désirent vous maintenir dans la peur. La chute de l'Union soviétique à la fin des années quatre-vingt et le positionnement politique de la Chine ont invalidé le principal scénario. Il y a longtemps également que les prophéties ne se réalisent plus au moment prédit.

Il s'en trouvera toujours pour tenter de lier les métaphores bibliques à leurs propres besoins. Vous avez le choix entre trembler de peur aussi longtemps que vous le désirez ou bien progresser activement pour créer la paix sur la Terre. Ceux qui verrouillent leur porte en attendant de subir une fin atroce se rendront compte un jour qu'ils ont perdu des années à s'inquiéter alors qu'ils auraient pu être heureux et productifs.

Visualisez des solutions. Visualisez la planète en mouvement vers la sagesse. Il y a tellement de choses à accomplir ici !

— Je vous remercie pour l'information sur les gens qui voient souvent 11:11, 12:12 ou 4:44 sur les cadrans. J'ai cherché la signification du 2:22, mais je n'ai rien trouvé. Je veux remercier la « soupe » pour sa présence lorsque cela se produit, mais je me demandais si j'avais besoin d'en savoir plus sur le 2:22. [Cela fait référence aux propos de Kryeon selon lesquels la vision répétée de ces combinaisons de chiffres identiques constitue simplement un clin d'œil de nos guides. Kryeon a également qualifié de « soupe de guidance » les guides qui nous entourent.]

Les nombres que vous voyez à répétition ont toujours une signification. Le 11:11 fait référence à l'occasion donnée à l'humanité d'évoluer durant cette période particulière. Le 12:12 symbolise le moment où fut transmis à l'humanité le flambeau de l'énergie spirituelle. Le 4:44 est un 12 déguisé et il se rapporte aux fondations, soit au nombre de matériaux de construction de l'univers. Le 2:22 est un 6 déguisé, et, avec le 3 et le 4, il appartient au 12. De plus, il s'agit de félicitations pour votre énergie « harmonieuse » ! Le 22 représente aussi le maître constructeur, mais cela, vous le saviez déjà, n'est-ce pas ?

— Pourquoi sommes-nous ici ? Je ne comprends pas le but du défi humain. Pourquoi porter le voile de l'oubli quand nous possédons la forme humaine ?

e, on nous a posé cette question plusieurs fois au
ées et nous y avons répondu maintes fois. Vous
nous demandez quel est le sens de la vie! C'est cependant
l'une des questions qui nous sont posées le plus souvent et
l'une des plus respectables. Nous ne nous lasserons jamais d'y
répondre!

Réfléchissez un instant. Si vous êtes vraiment des êtres
éternels et des fragments de Dieu, et si vous êtes venus ici
volontairement, il y a alors quelque chose de caché, n'est-ce
pas? Car, après tout, pourquoi viendriez-vous ici? Et pourquoi disposez-vous du libre arbitre? Pourquoi toute cette
souffrance de l'humanité et tous ces conflits? Tout cela doit
bien avoir un sens important et caché sur le plan spirituel.

Laissez-moi vous poser une question : pouvez-vous imaginer quelque chose que Dieu/Esprit serait incapable d'accomplir? Vous répondrez d'abord par la négative, car Dieu est
omnipotent. La véritable réponse est celle-ci : Dieu est par-
tial! Dieu a le parti pris de l'amour. Par conséquent, lorsque,
dans l'Univers, une situation doit être réglée sans ce parti pris,
sur un terrain neutre hors de la Conscience de Dieu, il existe
un moyen appelé la Terre.

Avez-vous déjà entendu l'expression «la seule planète du
libre arbitre»? Vous êtes-vous demandé ce qu'elle voulait
dire? Signifie-t-elle que toutes les autres planètes porteuses de
vie ne peuvent pas choisir? Bien sûr que non. Elle signifie que
celle-ci est la seule (à l'heure actuelle) qui peut choisir son
niveau vibratoire. Elle est la seule qui a le pouvoir et la capacité de reconnaître sa source spirituelle et de l'utiliser pour
transformer la réalité de la Terre. Au moment présent, la
Terre est la seule planète peuplée de créatures divines.

Nous vous avons fourni beaucoup d'informations à ce
sujet dans le passé. Retrouvez-les. Elles vous expliquent pourquoi les extraterrestres viennent ici et s'en retournent sans
faire grand-chose d'autre (comme atterrir et se montrer, par

exemple). Pourquoi ils désirent s'accoupler avec vous (ils le peuvent biologiquement, mais non spirituellement). Ils essaient de «cloner» votre Soi supérieur! (Ils ne le peuvent pas.) Ils sentent votre incroyable pouvoir, contrairement à vous! (L'humour cosmique lié à votre dualité.) Elles expliquent pourquoi vous n'avez qu'un seul soleil, alors que la plupart des planètes porteuses de vie ont un système solaire binaire. La vie a deux fois plus de chances de se développer quand il y a deux soleils et donc davantage de potentialités planétaires à l'intérieur de la «zone vitale». Vous n'en avez qu'un, ce qui vous rend beaucoup moins localisables pour toute vie extraterrestre.

Considérez cela comme une épreuve si vous le désirez, mais vous n'en êtes pas l'objet. Ce n'est qu'une épreuve énergétique et vibratoire. Par conséquent, si vous devez lui donner un nom, dites qu'il s'agit pour vous d'une expérience, non d'une épreuve. C'est plus exact. Vous êtes des vérificateurs volontaires qui font l'expérience de la Terre, mais cela vous échappe complètement au cours de vos séjours ici. C'est aussi là le sens fondamental de l'expression «créés égaux». Elle signifie que vous êtes tous des créatures divines dotées des mêmes aptitudes spirituelles. C'est ce que vous en faites qui transforme votre réalité et celle de la planète.

Vous devez également réfléchir à ceci : pourquoi, après une vie de tribulations, de souffrances et de chagrins, l'être humain revient-il? Et pourtant il revient! Pouvez-vous expliquer cela? Quand vous n'êtes pas ici, vous avez une vue d'ensemble et vous êtes tous impatients de revenir afin de poursuivre l'expérience et de contribuer à cette épreuve énergétique.

Dites-moi une chose : pourquoi êtes-vous revenus cette fois? Avec la menace de l'Harmagedôn, dont la plupart des prophéties terrestres prédisaient que ce serait «la fin», pourquoi donc avoir choisi ce moment particulier pour revenir?

que c'est un hasard (ou pire… une punition)? ns ont même attendu afin de choisir ce moment ⸻ ourquoi? Pensez-vous avoir choisi ce moment afin de connaître une mort horrible? Absolument pas. Vous étiez plutôt impatients de revenir afin de changer tout cela! Par ailleurs, vous comprenez que le futur n'est pas déterminé d'avance. Ce que vos meilleurs prophètes ont prédit, ce n'étaient que des potentialités de ce qui pourrait se produire selon l'énergie du moment.

Vous devez donc comprendre qu'il existe un «grand secret»… connu de tous et pourtant caché à la conscience. Il est lié à un nouvel univers et à son énergie initiale. Il concerne la réponse objective de la Terre à une grande question universelle. Où l'énergie s'établira-t-elle? Et quand on prendra la mesure finale, quel sera le résultat?

Maintenant tout va bien : la mesure finale devait avoir lieu à l'heure actuelle, comme tous vos prophètes l'avaient annoncé en appelant votre époque «la fin des temps», mais vous avez modifié la situation et rendu désuètes ces vieilles prophéties. Vous avez créé quelque chose d'inattendu, à l'écart de toute prophétie. Vous pouvez vous le prouver! Essayez donc de trouver une prophétie qui décrive votre situation présente. Vous n'en trouverez pas. Les anciennes prophéties se sont-elles réalisées? Non. C'est pourquoi la grille a changé et vous vous trouvez dans un prolongement de l'expérience.

Ce qui se passe sur la Terre aura finalement des répercussions sur la vie dans un tout nouvel univers. Ce que vous faites actuellement est connu de tous de l'autre côté de ce que vous appelez le «voile». C'est la raison de tout l'enseignement que nous vous livrons et c'est aussi pourquoi vous êtes si nombreux à recevoir présentement le même message inspirant qui vous incite à continuer afin de trouver des solutions à ce qui était auparavant insoluble, et à découvrir réellement votre divinité.

C'est également pourquoi nous vous parlons de votre «big-bang». Il n'a pas eu lieu. Ce fut plutôt un changement dimensionnel universel où tout fut créé en même temps, apparemment à partir de rien. Comment cela s'est produit et quelle en était l'énergie initiale, c'est là une riche et grande histoire spirituelle. Vous êtes aussi venus ici pour cela, mais c'est une autre histoire.

Le «parti pris» de Dieu est l'amour. Alors que vous passez à une vibration supérieure, des acclamations très partiales deviennent audibles à vos cellules mêmes.

C'est pourquoi nous vous aimons tant.

– On m'a dit que j'étais une âme qui a atteint sa plénitude, mais je ne sais pas trop ce que cela veut dire.

Cela signifie que vous n'êtes pas ici pour liquider un problème karmique incomplètement résolu, mais plutôt pour vous consacrer au défi de la planète, qui est de créer la paix en vous-même, chez les autres et sur la Terre. Plusieurs d'entre vous sont dans cette condition et c'est d'abord à eux que nous nous adressons quand nous parlons des travailleurs de la lumière.

– Vous dites sans cesse qu'il n'existe pas de menace obscure et que c'est le fruit de notre imagination. Il est vrai que nous créons des schèmes d'onde négatifs qui correspondent à nos peurs, mais ce n'est que cela. Cette énergie obscure est créée par la peur de plusieurs individus partout sur la planète et dans diverses parties de l'univers. Comme elle n'est pas convertie, elle ne peut aller nulle part et elle s'accumule. Avez-vous déjà pensé que si une quantité suffisante d'énergie obscure s'accumulait, elle pourrait acquérir une forme de conscience singulière ? S'il vous plaît, dites-nous toute la vérité sur l'accumulation d'énergie obscure et sur la façon de

la convertir en énergie lumineuse à partir de notre intention pure.

Très cher, permettez-moi d'être clair : Kryeon ne vous a jamais dit que l'obscurité n'existait pas. Nous vous avons dit que la lumière et l'obscurité proviennent de la même source et qu'elles ne sont donc que des teintes différentes de la même réalité. Nous vous avons dit également que tout ce que vous appelez « obscurité » est l'œuvre de l'homme. Si un nombre suffisant d'humains décident de vous garder dans l'obscurité, la Terre sera alors dans le noir.

Nos enseignements correspondent donc exactement à ce que vous avez affirmé, soit que l'obscurité existe partout sur la Terre depuis la nuit des temps en raison de la vieille conscience humaine. Les travailleurs de la lumière disposent de nouveaux outils pour transmuter cette obscurité et amener les autres à voir ce qu'elle cache, afin qu'ils puissent également faire briller leur lumière et contribuer à la grande transformation.

Ce que nous vous avons dit, c'est qu'il n'existe pas d'entité obscure cherchant à gagner votre âme ni de diable tout-puissant capable de vous enlever votre lumière. Seuls des humains peuvent le faire, et votre vie commence à devenir beaucoup plus puissante que toute obscurité qu'ils peuvent créer. Cette situation est nouvelle, et incroyable pour certains. C'est une amélioration considérable puisqu'elle abolit l'idée que vous n'avez aucune chance contre une force puissante et maléfique. Au contraire, vous comprendrez sans doute bientôt que *vous* êtes ce qu'il y a de plus puissant sur cette planète. C'est vous qui y avez créé les problèmes et qui en possédez les solutions.

N'établissez aucune limite. Pour vous, il y a l'ombre et la lumière. Elles proviennent toutes deux d'humains et, comme vous l'avez dit, vous avez le choix entre les deux. Vous avez vu durant toute votre vie ce que l'humanité en a fait. Voyez-vous maintenant à quel point vous avez le contrôle de la planète ? Portez votre lumière, très cher ! Nous faisons partie de la même équipe !

– Depuis longtemps, je me pose la question suivante : avant de venir dans ce monde, décidons-nous comment et quand nous allons mourir ? Est-ce la raison pour laquelle certaines personnes vivent longtemps et en santé, tandis que d'autres meurent prématurément d'une maladie ou d'un accident ? Cela a-t-il un rapport avec nos vies antérieures ?

De ce côté-ci du voile, la mort n'est pas autre chose qu'une transition énergétique et un renouvellement d'expression. C'est difficile à concevoir pour vous, car la mort vous est douleur, souffrance et chagrin. Comprenez-vous au moins un peu pourquoi il en est ainsi ? Pour nous, elle fait partie de « la pièce de théâtre terrestre ». Dans toute pièce de théâtre, même l'humain qui reçoit un coup de couteau dans la poitrine se relève quand le rideau tombe et va ensuite s'amuser avec les autres membres de l'équipe. Tous savent que le drame théâtral n'est pas réel. Toutefois, dans la pièce terrestre, votre réalité vous dit que seule la vie existe. Par conséquent, vous y jouez le tout pour le tout. Il doit en être ainsi pour que le défi et l'épreuve soient justes.

Oui, vous avez un contrat de départ où votre transformation (la mort) est planifiée. C'est parfois pour aider quelqu'un (comme dans le cas d'un suicide ou de la mort d'un enfant qui crée une grande énergie). Il peut donc s'agir d'une entente impliquant une puissante énergie ou bien de la simple possibilité de partir quand il est temps. Chaque cas est différent et souvent équilibré, en effet, par une expérience appartenant à une vie antérieure. De plus, l'entente est entièrement temporaire et elle peut se modifier !

Tout cela est en train de changer. La nouvelle énergie modifie le système de la vie et de la mort terrestres. Les enfants indigo viennent sur cette planète sans bagage karmique et ils ont aussi un système très différent. Ils possèdent encore une trame de vie potentielle et ils portent en eux de l'information sur leurs vies antérieures ainsi que la sagesse qu'ils y ont acquise, mais ils sont en outre conscients de pouvoir modifier ce contrat de départ. C'est là la plus grosse différence entre l'être humain de la vieille énergie et celui de la nouvelle énergie. L'humain de la vieille énergie a l'impression que le contrat est absolu et que rien ne peut le modifier. Il tente donc de suivre ce programme initial temporaire jusqu'à sa destination ! Vous devez désapprendre cette information. Quant à l'enfant indigo, il sait qu'il peut faire n'importe quoi. Avez-vous remarqué son attitude ? Dès qu'il arrive dans ce monde, il est prêt à créer et à manifester. Il est frustré de vous voir ignorer les potentialités, patauger dans un système linéaire et essayer de suivre un vieux modèle. L'avez-vous remarqué ? Tout cela fait partie du nouveau scénario de la vie humaine. Le vieux plan créait le cycle de la vie et de la mort comme moteur karmique d'apprentissage – produisant de l'énergie pour aider la Terre –, mais il est désormais désuet. Le nouveau système encourage la modification du contrat, y compris le moment de la mort, l'âge auquel elle survient et même la leçon de vie qui s'y rattache. Il s'agit d'un changement remarquable qui donne une nouvelle signification à la mort.

– Dans un message publié sur votre site Internet, vous affirmez que lorsqu'un membre d'une famille décède, il/elle devient une partie de ses enfants. Lorsque l'un de ces enfants meurt, il/elle devient une partie de ses propres enfants, et ainsi de suite. Ma question comporte deux volets. Premièrement, qu'est-ce qui se produit lorsque le frère ou la

sœur de quelqu'un disparaît sans avoir eu d'enfant ? Il (ou elle) devient-il une partie de ses sœurs ou de ses frères, ou bien s'en va-t-il ailleurs ? Deuxièmement, quelle est la dynamique quand un parent meurt et devient une partie de son enfant après avoir molesté ce dernier de son vivant ? Une partie de cet enfant sera-t-elle en guerre contre les autres « parties » ?

Cher humain, cessez donc d'enfermer ces concepts inter-dimensionnels dans des notions quadridimensionnelles. Cela ne fonctionnera jamais. Tout ce message canalisé révélait que vous formez un groupe, lequel est lié à votre groupe karmique immédiat. Quand vous partez, une partie de vous demeure active avec les enfants ou les parents, les frères et sœurs, et même les bons amis.

Rappelez-vous que, karmiquement, vos parents et vos enfants sont tous mélangés à l'intérieur de votre groupe beaucoup plus que vous ne le pensez selon votre conception des parents et des enfants. En outre, essayez de transcender l'opinion générale sur ce que sont les humains pendant leur vie ou après. Ne comprenez-vous pas que lorsque vous trépassez et que vous devenez angélique, vous possédez l'esprit de Dieu ?

Les pères dénaturés se retrouveront avec les filles qu'ils auront agressées, comme ils avaient convenu avant de venir. Lorsqu'ils arriveront tous les deux de l'autre côté, ils pourront même décider d'inverser les rôles et de revenir ! De l'autre côté du voile, c'est comme une pièce de théâtre. Quand celle-ci est terminée, vous allez à la fête avec les autres membres de l'équipe et vous choisissez un autre rôle.

Par conséquent, « ressentez » la présence de ceux qui sont partis, que vous avez aimés et perdus. Ressentez la présence du parent, du frère ou de la sœur, et aussi de l'enfant. Ils vous accompagnent pour toujours et ils font partie d'un système familial interdimensionnel.

C'est un exercice très quadridimensionnel que de leur prêter une forme physique et de dresser un organigramme décrivant avec qui chacun se trouve et ce qu'ils peuvent en penser !

– Y a-t-il des rituels entourant la mort physique qu'une personne peut faire pour faciliter le voyage de ceux qui sont morts depuis peu ? Vous avez mentionné qu'une âme prenait trois jours à quitter la Terre. Qu'est-ce que ses proches peuvent faire durant ces trois jours ?

Abandonnez l'idée que ces âmes sont comme dans le noir et qu'elles ont besoin de vos prières. Ce n'est pas le cas. Quand elles vous quittent, elles empruntent une voie bien connue de transition énergétique. Croyez-moi, elles sont occupées par leur propre transition et ne sauraient pas ce que vous faites de toute manière ! Ce voyage de trois jours n'est pas tant une question de distance que d'énergie. Ces âmes quittent la quatrième dimension et sont réintroduites à leur état naturel interdimensionnel. Il se passe alors beaucoup de choses pour chacune d'elles, car elles vivent une réintégration de leur Soi divin.

La meilleure chose à faire pour assister un être décédé consiste à aider ceux qui restent. Organisez une célébration de sa vie ou un rassemblement en sa mémoire. Choisissez les rituels qui servent les humains en peine et non l'être qui est parti. Ce dernier va bien. C'est ceux qui restent qui ont besoin de l'énergie de vos cérémonies.

– L'expérience de la « mort » est-elle une manière rapide d'embrasser la fréquence de la cinquième dimension ? De plus, s'il en est ainsi, ces entités continuent-elles leur ascension vers des fréquences supérieures ou reviennent-elles sur le plan

terrestre pour devenir des enfants indigo et aider physiquement les autres ici-bas ?

À la fois tout cela et rien de tout cela. Comment trouvez-vous cette réponse ? Elle ne vous plaît pas, je le sais. Examinez la question pour un instant. Voyez-vous que vous la placez dans un cadre fixe ? Pris dans une perception humaine limitée, vous ne pouvez voir le vaste ensemble. Par conséquent, vous posez des questions ayant trait à un voyage interdimensionnel comme si cela se passait dans le voisinage.

Vous essayez de définir la conscience d'entités décédées en employant des termes chiffrés et en supposant l'implication d'une ligne de temps. Ces notions appartiennent à votre perception des choses, mais cette perception est très naïve et ne permet pas de décrire le processus réel.

Quand vous quittez votre animal de compagnie le matin, quel est selon vous son processus de pensée au regard de votre départ ? Pensez-vous qu'il réfléchit à votre emploi du temps ? Non. Sa perception se limite au fait que vous allez lui manquer ! La différence est aussi grande quand vous réfléchissez à ce qui doit se passer.

Premièrement, chaque âme est unique. Vous ne pouvez assigner à toutes une sorte de « voilà ce qui se passe » générique. Deuxièmement, il n'y a aucun « niveau » à traverser. Il n'y a aucune hiérarchie de l'autre côté du voile. Ce type de système linéaire est utilisé seulement pour aider l'humanité à comprendre. Les choses interdimensionnelles ne peuvent être numérotées, organisées, triées ou étiquetées. Elles ne fonctionnent tout simplement pas de cette manière.

Vous souhaitez ranger des articles de couleurs et de tailles différentes dans des sacs et des boîtes pour que votre pensée puisse facilement en prendre connaissance. Maintenant, essayez cela avec quelque chose d'invisible et sans forme physique, comme un gaz par exemple! Pouvez-vous ranger un gaz incolore, inodore, invisible dans des boîtes? Non. Et cela, très cher, démontre justement combien il est difficile de vraiment répondre à une question comme la vôtre… posée intelligemment et dans l'amour, mais avec une perception limitée à votre réalité.

«L'expérience de la mort» est une transition d'énergie vers un attribut interdimensionnel. Il n'y a ni lieu ni temps. Les humains veulent savoir ce qui se passe après la mort et, en essayant de le comprendre, ils décrivent la transition d'énergie d'après une ligne de temps terrestre. Cela ne se passe pas de cette façon. Si vous saviez ce qui se passe vraiment, vous ne sauriez démêler tout cela. Laissez-moi vous donner juste un petit aperçu du degré de complication. Vous pensez avoir vécu vos vies antérieures l'une après l'autre, n'est-ce pas? Pensez-y encore, car votre perception est que le temps évolue dans une direction linéaire. De notre côté, il ne le fait pas. Par conséquent, ce qui est une «vie passée» est tout simplement «une autre vie» qui n'a pas du tout suivi une ligne de temps. Est-ce assez confus à votre goût?

Pour vous, «l'expérience de la mort» s'enveloppe de mystère et devrait rester ainsi, car trop d'information ne serait pas seulement très troublant, mais mènerait à davantage de religions sur votre planète… quelque chose dont vous n'avez pas besoin dans le moment.

– Il y a environ trente ans, j'ai lu que lorsque le corps meurt, le cordon d'argent se rompt, et que si le corps est incinéré avant que ce cordon ne soit rompu, le corps spirituel en ressent de la douleur. Qu'en est-il dans l'énergie actuelle? Avons-nous encore besoin de quelques jours pour permettre à ce cordon de se détacher?

Le «cordon d'argent» est une métaphore relative à la connexion interdimensionnelle de l'humain avec son Moi supérieur. Dans la nouvelle énergie, le Moi supérieur fait maintenant PARTIE de l'être humain et la connexion n'est plus ce qu'elle était.

Je vous explique. Dans la vieille énergie, vous auriez pu avoir besoin d'un cordon d'alimentation pour vous connecter à la prise de courant divine afin d'accéder à votre pouvoir. Dans la nouvelle énergie, vous ÊTES la source du pouvoir. Par conséquent, toute la métaphore du cordon d'argent a muté en quelque chose de bien plus grand et rempli de promesse.

À propos, il n'y a jamais eu de «processus de séparation». Quand vous mourez, vous passez par un processus de réunification. Le corps est une carcasse… rien de plus. Votre essence est rebranchée au treillis cosmique de Dieu et elle est à nouveau complète. Croyez-moi, votre corps humain ne vous manque pas alors et vous n'y pensez même jamais. Il quitte votre être tout comme le placenta – qui fut votre foyer durant neuf mois – quitte votre conscience après votre naissance. Ce n'est pas plus important que cela.

Les civilisations interdimensionnelles

– La théorie du walk-in *(transmigration) a-t-elle quelque chose à voir avec le trouble de la personnalité multiple ?*

Non. Les *walk-ins* sont des êtres ayant un contrat avec d'autres pour partager l'espace de ce que vous appelleriez une âme, et ce, d'une manière équilibrée et discrète. L'un d'eux occupe l'espace durant la période de croissance physique et l'autre s'insère rapidement au moment venu. C'est un système qui permet le retour très rapide d'une âme, beaucoup plus rapide que le processus de réincarnation. Cette technique de transmigration est une façon très efficace de revenir sur terre, car cela élimine la période habituellement nécessaire à l'âme qui se réincarne pour atteindre un plein développement. Normalement, les *walk-ins* ont une tâche ou un travail spécifique à poursuivre. Ce système est très salutaire à tous.

– Je comprends que les Pléiadiens ont eu quelque chose à voir avec notre ADN et qu'ils ont ajouté de la semence d'étoile. Je les relie aussi aux «géants» mentionnés dans la Bible et qui auraient copulé avec des humains, hommes et femmes. Vous dites que nous avons eu besoin d'eux pour notre développement. Pourquoi exactement? Quel type de source ancestrale représentent-ils? Travaillent-ils encore avec nous?

Je réponds oui à toutes vos questions. Les Pléiadiens sont originaires d'une partie du système solaire appelée les Sept Sœurs ou Pléiades. Ils étaient chargés d'altérer votre ADN, un changement nécessaire qui fut fait il y a environ 100 000 ans. Vous en étiez au point où vous commenciez à développer plusieurs branches d'humains, comme la plupart des mammifères l'ont fait sur votre planète.

En premier lieu, les Pléiadiens ont mis fin au développement de toutes ces branches d'êtres humains, sauf une... celle dont vous faites partie à l'heure actuelle. En deuxième lieu, ils ont altéré le code génétique des humains, qui allaient devenir la race principale, en leur transférant une empreinte génétique appelée «empreinte de Dieu», dont ils étaient porteurs.

Le système chez eux n'en est PAS un d'apprentissage, de cours à suivre, et leur vie est très différente de la vôtre. Votre existence terrestre porte sur le libre choix et sur ce que vous ferez de l'énergie de Gaia, où vous la mènerez. Vous avez une mission dans cette partie de la galaxie et elle est très différente de la leur. Ils savaient quoi faire pour vous puisqu'ils sont d'origine divine et que cela fait partie de leur existence et de leur raison d'être. Tout cela est difficile à expliquer parce que vous percevez toutes choses selon votre cadre humain. Les Pléiadiens ne sont pas comme vous, qui vivez dans une condition dualiste où la vieille énergie et la nouvelle se côtoient sur une scène très jeune. De leur côté, ils ont traversé leurs propres épreuves et ils servent maintenant l'univers d'autres manières… y compris par l'ensemencement d'autres « Terres » à venir.

Cependant, ils vous ressemblent en bien des points. Quand vous les rencontrerez enfin – car vous le ferez –, ne soyez pas surpris de constater qu'ils vous ressemblent beaucoup. Par ailleurs, ils sont encore intéressés par ce qui se passe ici sur votre planète, mais ils ne vont pas s'ingérer dans votre destinée. Ils vous approchent en étant habités d'un esprit vraiment aimant.

– Vous avez mentionné que certaines races d'extraterrestres nous visitent afin d'apprendre de ce fragment de divinité qui nous habite. Ne l'ayant pas en elles, elles veulent le reproduire. Selon vous, si je suis certain de faire partie du divin, plusieurs de ces êtres sont tout aussi certains qu'ils n'en font pas partie. Si notre expérience présuppose la dualité d'être divin et de l'ignorer, que présuppose la leur ? Comment ces êtres vivent-ils l'expérience de savoir avec certitude qu'ils ne font pas partie du divin ?

Ne les humanisez pas ! Il est temps de changer votre perspective. Si vous étiez aveugle et que vous veniez à rencontrer une race d'individus qui voient, vous ne sauriez pas ce que vous manquez. Vous sauriez seulement que les autres ont le pouvoir de percevoir ce qui est dans le noir. Vous seriez incapable de vous faire une idée de ce qu'est la vue.

Ainsi, votre supposition qu'ils savent qu'ils sont sans divinité est inexacte. Tout ce qu'ils voient, c'est votre pouvoir, et ils feront n'importe quoi pour l'avoir. Ils n'ont aucune idée d'où il vient, ou que cela a à voir avec le divin de quelque manière. Ils n'ont aucun concept ayant trait à la divinité et si vous pouviez le leur expliquer, ils ne le comprendraient toujours pas.

De nombreuses races dans l'univers sont simplement biologiques. Question d'équilibre dans le Grand Tout. Et plusieurs d'entre elles n'ont pas d'âmes (selon vos termes). Elles n'ont aucun plan divin et aucune place dans le choix d'équilibrer la noirceur et la lumière. Les êtres humains ont toutes ces choses. Certains d'entre vous diront que ce n'est pas juste ou ils pourraient ne pas comprendre comment l'intelligence et l'intellect peuvent exister sans Dieu. Cela se peut. Cela existe. Et quand des êtres vous voient, ils sont ébahis devant ce que vous pouvez faire – des choses que vous ne voyez même pas en vous-mêmes! Certains d'entre eux possèdent pourtant une technologie supérieure à la vôtre puisqu'ils sont beaucoup plus anciens que vous.

Connaissent-ils la joie? Oui. Votre chien aussi, n'est-ce pas? Mais ce n'est pas la «joie de Dieu». Ont-ils de l'intuition? Non. Toutefois, ils ont une intelligence et une logique, un peu comme les insectes. Ils ne sont PAS comme vous. Et ils sont dangereux si vous les laissez tout bonnement entrer dans votre vie. Néanmoins, ils n'auront pas l'occasion de vous blesser si vous leur résistez avec votre force mentale.

Très chers, il est temps de modifier votre perception limitée de l'univers. Tout doit-il vous ressembler? Ouvrez-vous à une prodigieuse variété d'expressions de vie. Regardez ce qu'il y a sur la Terre. Toute vie y est-elle pareille? Attribuez-vous au rongeur les mêmes attributs qu'à l'humain? Qu'en est-il du lion et du poisson? NON. Chaque créature occupe une niche différente sur la planète et vous allez même jusqu'à en consommer pour vous alimenter! Voyez l'univers de la même façon. La vie y abonde et la variété de ses formes dépasse votre imagination. Ce ne sont pas tous les humanoïdes qui ont un intellect, une intuition, ou l'amour. Ils vivent très loin de vous afin que vous n'ayez pas à interagir avec eux et que vous puissiez vous concentrer sur ce que vous avez à faire.

– Agartha et Shamballah ont-elles des connexions avec l'Atlantide et la Lémurie ?

Agartha (la Terre creuse) est un attribut interdimensionnel de la planète qui n'existe PAS dans la quatrième dimension. Vous ne trouverez pas d'êtres humains à l'intérieur de la Terre. Cependant, des multitudes de vie y *sont* présentes et elles sont interdimensionnelles. Cela inclut même les Lémuriens du mont Shasta et beaucoup d'autres encore. Il y a toujours cette tendance chez l'humain à placer dans la quatrième dimension tout ce qu'il sent intuitivement. Quantité de ce qui existe ici est réel, mais dans un état multidimensionnel.

Pour ce qui est de Shamballah, votre perspective peut être différente, mais disons que c'est le nom de l'énergie de guérison principale de l'univers. Bien des gens la découvrent et lui donnent plusieurs noms. Tout cela est approprié, car son nom n'est pas important. Ce qui importe, c'est que maintenant vous l'utilisez !

– J'ai lu un article au sujet d'un Nouvel Ordre mondial où tout le contrôle passerait aux mains de « guides bienveillants » et où la monnaie, les frontières, etc., n'existeraient plus. Je ne pense pas qu'un seul être sur terre soit capable de détenir tant de pouvoir et d'échapper à la corruption.

Supposez juste un instant que c'est là une description de la Terre telle qu'elle existera dans 10 000 ans. Pouvez-vous abandonner la perspective qui établit que «ce que vous voyez aujourd'hui rendra certaines choses impossibles demain»? Cette description est celle d'une planète qui a dépassé son but initial et embrassé quelque chose qui existe actuellement sur d'autres planètes. Et plusieurs de ces dernières présentent des civilisations beaucoup plus anciennes que la vôtre. Cela signale des cultures amalgamées et une grande sagesse. Si vous jetez un sérieux coup d'œil à votre histoire, vous constaterez qu'un phénomène semblable se produit sur terre. Où en était la langue anglaise il y a 1 000 ans? Aujourd'hui, c'est une langue standard dans le monde. Il y a 200 ans, chaque culture avait sa propre musique; aujourd'hui, la Terre entière participe à toute la musique. Vous voyez ce même principe à l'œuvre, mais son action est de loin trop lente pour que vous la reconnaissiez.

– Ma question est quelque peu bizarre et j'espère que vous pourrez m'éclairer un peu. Les chamans de cultures indigènes dans le monde (en Afrique, en Amérique du Sud et au Mexique) parlent d'une race d'êtres reptiliens interdimensionnels qui sont venus sur terre il y a longtemps pour échapper à une autre race d'êtres qui les persécutaient. Ils ont découvert qu'ils pouvaient se cacher à l'intérieur des humains et éviter ainsi d'être découverts, et ce, à l'insu de la majorité des humains. Ce concept ne me dérange pas, puisque nous sommes tous uns et des fragments du divin en fin de compte. Je suis curieux de savoir si ces histoires chamaniques sont basées sur des faits. Et, si c'est le cas, ces êtres reptiliens sont-ils en fait nos peurs, notre ego, que nous devons vaincre pour atteindre l'illumination?

La vérité citée plus haut ne pourra jamais être prouvée, mais elle est intuitive et elle transparaît dans votre ADN. Cela a fait naître beaucoup d'histoires dans bien des cultures au sujet de guerres, de batailles, de bons et de mauvais, d'origines reptiliennes, et quant à la manière dont cela aurait pu se produire. Alors, je vous demanderai d'aller à l'intérieur de vous-même et de vous demander quelle part de cette information s'insère parfaitement dans un scénario aimant de la création d'un être humain qui est divin et qui a un rôle aimant à jouer dans l'univers. Ne vous êtes-vous jamais demandé qui vous avez été sur une autre planète dans des univers passés ? Nous vous avons dit auparavant que les humains qui viennent ici ont fait cela auparavant (ils ont vécu dans la dualité) dans d'autres endroits. Nous vous avons aussi dit que votre dossier spirituel complet est inscrit dans votre ADN. Et si vous regardez attentivement, vous verrez que cela signifie qu'en vous subsiste une mémoire subtile résiduelle des autres genres de créatures que vous avez été. Cela n'a aucun lien avec votre vie actuelle sur terre, mais cette « énergie résiduelle » en a obsédé plusieurs, créant même des enseignements fondés sur la peur.

Pensez-y, membres de la famille. Avez-vous évolué à la suite d'une erreur, d'une bataille entre bons dieux et mauvais dieux, comme butin d'une guerre cosmique... ou comme reptiliens dissimulés ? Je pense que votre propre divinité vous racontera une meilleure histoire – une histoire d'honneur, de logique, et de but divin.

– Nous savons que certains agroglyphes sont des canulars, mais que plusieurs n'en sont pas, particulièrement ceux qui sont tellement complexes mathématiquement qu'ils défient toute explication normale. Ma question est celle-ci : qui les crée, et comment ?

Pour l'instant, je vous répondrai seulement ceci :

1) Ils sont définitivement interdimensionnels.
2) Certains sont créés par des humains d'une autre époque.

3) Leur symbolisme mathématique est de base 12.
4) Plusieurs sont vraiment des canulars.

– Il y a un an, j'ai vécu deux expériences nocturnes de projection hors du corps. Ce furent les moments les plus extraordinaires de ma vie et j'ai cherché à les revivre depuis. Cependant, j'ai lu dans un livre d'Eckhart Tolle et dans un message canalisé de Tobias et même de vous Kryeon que nous ne devrions pas nous projeter dans l'astral, mais plutôt essayer de tout faire venir à nous. Comment peut-on susciter cette même sensation à l'état d'éveil ? Existe-t-il des exercices à cette fin ?

La réponse est simple si vous comprenez bien ce qu'est « le moment présent ». Si vous êtes enfermé dans la troisième dimension, vous avez un passé, un présent et un futur, mais si vous devenez interdimensionnel (ce que vous êtes tous par définition), vous savez alors que le passé, le présent et le futur ont lieu en même temps.

Même vos scientifiques commencent à aborder la question avec leurs nouvelles théories interdimensionnelles sur la vraie nature de la réalité. Ils affirment que votre vieille réalité était limitée à quatre dimensions, mais qu'il y en a réellement onze ! (C'est la théorie des supercordes.) Par conséquent, la réponse à votre question repose sur cette prémisse : au lieu de vous projeter sur le plan astral, amenez l'astral jusqu'à vous ! Vous pouvez éprouver cette même sensation d'être à l'extérieur de votre corps en y faisant venir « l'extériorité » ! Créez « dans le moment présent » où tout se trouve sous vos yeux et vous n'aurez pas besoin d'aller nulle part.

Restez donc où vous êtes, mais prenez de l'expansion jusqu'à cet ailleurs où vous croyez que se trouvent les principes divins. C'est ce qu'enseigne Eckhart Tolle, et c'est juste. Que les problèmes de votre existence soient résolus par qui les a conçus dans le présent, soit *vous-même!*

— J'ai fait l'expérience d'une activité paranormale très négative. Vous avez dit que les «fantômes» existent dans une dimension différente de la nôtre, mais j'ai besoin de les comprendre davantage. Je ne crois pas au mal. Je pense qu'il s'agit seulement d'une absence d'amour. Mais pourquoi le pouvoir de l'obscurité semble-t-il si fort? De plus... si les extraterrestres s'intéressent à nous en raison du «pouvoir» qui nous habite, les esprits démoniaques le font-ils pour la même raison?

Encore une fois, vous demandez une connaissance qui exige que vous dépassiez complètement votre concept de la réalité universelle. Pouvez-vous le faire? Voici le test. Quand vous vous retrouvez de l'autre côté du voile, il n'y a pas de temps linéaire. Tout se passe en même temps et la réalité que vous rencontrez ne présente pas la structure à laquelle vous vous attendez ni une structure qui soit logique à votre esprit quadridimensionnel. Quand vous êtes témoin des manifestations d'un fantôme, vous faites l'expérience de l'énergie d'un événement qui se produit dans une autre dimension et qui semble jouer en boucle dans le vôtre. Vous percevez quelque chose qui se répète alors que cette chose ne s'est passée qu'une seule fois. Est-ce réel? Oui. Cependant, votre perception de ce qui se passe est très différente de la réalité de ceux qui ont participé à l'événement.

On me pose parfois cette question : «Ces êtres qui furent des humains sont-ils coincés dans des sortes de limbes, en train de répéter sans arrêt les mêmes choses?» C'est une question très drôle! C'est vous qui êtes limités. Vous êtes à jamais pris dans une monoréalité inscrite dans un spectre de temps incroyablement riche. C'est comme si vous viviez le temps en noir et blanc pendant qu'autour de vous se trouve un arc-en-ciel coloré et spectaculaire de choses en existence. Par conséquent, quand vous jetez un coup d'œil sur une belle teinte de couleur avec des yeux qui voient en noir et blanc uniquement, vous ne voyez qu'une fraction de ce qui est vraiment là et vous ne pouvez pas le comprendre.

Si vous rencontrez une entité qui paraît faire quelque chose à répétition, de son côté elle ne le fait qu'une seule fois. C'est ainsi que le MAINTENANT apparaît à l'observateur linéaire. L'action se passe en un instant de temps universel, mais à vos yeux l'entité paraît coincée dans une répétition. Cela pourrait vous amener à poser la vraie question : lequel des deux est coincé ?

La « visite d'un fantôme » est souvent une situation qui a laissé un résidu d'énergie interdimensionnelle. Vous sentez le fantôme, vous le voyez, et cela vous effraie. Quelquefois, il semble avoir un but. Il arrive même qu'il semble avoir une conscience. Encore une fois, cela est dû à votre observation ! Comme vous avez une conscience, vous altérez la réalité de l'événement ! Je vous ai prévenu que ce serait difficile à saisir. En d'autres termes, l'acte de voir l'événement modifie ce qui s'est passé à vos yeux. Nous revenons ainsi à la première question de cette série, n'est-ce pas, où la définition de la réalité est liée à la perception de ceux qui sont là pour la voir.

Un « esprit mauvais », ça n'existe pas. Le plus grand pouvoir maléfique de votre planète se loge dans les pensées et les intentions des humains qui y vivent. Ces derniers peuvent manifester l'obscurité tout autant que la lumière. Voilà une discussion que nous avons eue déjà. Ainsi, vous continuez à créer votre propre réalité… à la fois maléfique et angélique.

Après tout… vous habitez la seule planète où l'on trouve le libre arbitre !

– Je me demande s'il y a une raison particulière à l'énorme succès des films Harry Potter... *et* Le Seigneur des anneaux *? Merci.*

Vous l'avez donc remarqué ? Il n'y a pas de coïncidence dans ce qui se passe maintenant, même en ce qui a trait aux choses frivoles. Ces histoires sont profondément liées à l'ombre et à la lumière. Définissant très distinctement celles-ci, elles préparent le terrain au choix fondamental que vous devrez effectuer. Elles représentent le désir actuel de l'humanité de quitter sa position ambiguë et de tracer la ligne de démarcation de ce qui est correct pour la coexistence humaine. Elles représentent aussi le désir de l'humanité entière de trouver un lieu où l'ennemi est clairement identifié.

Elles représentent en outre, à un niveau très subtil, des énergies invisibles dont elles reconnaissent l'existence. Elles sortent d'une boîte des oubliettes. Les humains possèdent-ils un pouvoir invisible ? Existe-t-il vraiment une force obscure, même si elle est créée par d'autres individus vivant sur cette planète ? Ce qui, par le passé, a été relégué à la mythologie ou aux esprits mauvais se retrouve soudain au premier plan dans les paraboles et les allégories créées pour votre amusement. Il y a aussi quelque chose qui est considéré comme normal dans ces paraboles : les personnages « travaillent » simplement avec ces énergies au lieu de les fuir en les attribuant au « diable ». Avez-vous remarqué ? Dans ces histoires, même l'occulte a un bon côté. Évidemment !

Plusieurs ont l'impression que la toute nouvelle popularité de ces histoires est dangereuse, car elle est pour eux un signe que la planète s'éloigne de Dieu. D'autres pensent tout le contraire, affirmant qu'il est temps que l'on sorte ces choses-là de la boîte noire de l'ignorance et qu'on les voit telles qu'elles sont. Alors, quand tout sera exposé, même sous la forme d'une allégorie, l'humain doué de discernement pourra comprendre que tout est approprié quand il s'agit de croissance et de connaissance spirituelles. Quand on fait de la lumière dans une pièce, on voit même les objets sombres. Plus rien de mystérieux n'est caché dans les coins.

Usez de discernement quant à ces choses-là, mais comprenez qu'elles représentent un canevas de l'expérience humaine dont une partie est mythique, mais non le reste. La question est de savoir ce qui est réel et ce qui ne l'est pas, et dans plusieurs cas la réponse pourrait vous étonner. Vous avez un réel désir de combattre en cette époque les pouvoirs invisibles et de remporter une glorieuse victoire humaine, dont nous vous avons toujours dit que vous en aviez la potentialité. Il s'agit d'un combat entre l'ancien et le nouveau, et vous êtes en plein dedans.

– Les 144 000 sont-ils tous vivants à ce jour? Et quel est leur devoir?

Selon les Témoins de Jéhovah, ce nombre biblique signifie que seulement 144 000 des leurs seront sauvés.

Oui, ils le sont. Ils sont ici depuis un certain temps déjà. Ils ne sont PAS tous ensemble et ils recouvrent la Terre entière. Leur devoir est lié à la grille cristalline planétaire. Ils récrivent le passé. Ils sont aussi plus nombreux que 144 000! Ce nombre est métaphorique.

Trouveriez-vous logique que sur une planète de plus de six milliards d'habitants, seul un petit nombre d'individus échappent à la damnation éternelle? Comment concilier cela avec l'amour infini de Dieu? Cependant, si ceux qui le croient y trouvent leur compte, respectez leur libre choix. Ils cherchent les mêmes réponses divines que vous. Cependant, il faut aussi, à un moment donné, que vous usiez du «sens commun spirituel» afin d'examiner une autre possibilité.

Le nombre 144 000 est une métaphore de l'énergie de l'ascension spirituelle. C'est 12 fois 12 000. Ce simple fait devrait vous orienter vers la réponse. Nos entretiens portant sur le nombre 12 sont légendaires et ils n'ont pas à être repris ici. Vous verrez ce nombre en de nombreux endroits. Il ne s'agit pas du nombre littéral d'humains, d'entités ou de jours, etc. C'est plutôt un «indicateur» du caractère sacré de certaines énergies planétaires. Cela se rapporte particulièrement à l'énergie de la nouvelle grille cristalline et à ce qui se produit dans cette nouvelle énergie.

Après tout ce temps, il est plus important que jamais de comprendre qu'une grande partie des transmissions et des textes sacrés se présente sous la forme de métaphores. La raison devrait en être évidente maintenant que nous commençons à évoquer l'interdimensionnalité de votre essence, de votre matière et de votre structure spirituelle. Vous vivez dans un monde quadridimensionnel alors que l'univers qui vous entoure comporte douze dimensions et même davantage. Tout ce qui dépasse la quadridimensionnalité est cependant un mystère. Le temps n'est pas le temps, et la réalité est multi-couche. Le passé, le présent et le futur sont combinés, et il n'y a pas de linéarité. Par conséquent, l'information spirituelle est souvent présentée en un code énergétique numérique. Il en est de même de votre ADN, comme vous le découvrirez un jour.

Trouvez-vous sensé que seule une fraction d'un ensemble de plus de six milliards d'humains soit sauvée de la damnation éternelle ? Comment concilier cela avec l'amour infini de Dieu ? Cependant, si c'est utile à ceux qui le croient, respectez alors leur choix, car ils cherchent les mêmes réponses divines que vous. Toutefois, à un certain point, vous devez aussi respecter le «bon sens spirituel» afin de considérer une autre interprétation.

– Pouvez-vous expliquer la différence entre les deux expressions âme sœur et flamme jumelle ?

Ce sont des énergies différentes aux attributs similaires. Toutes deux indiquent un partenariat. Une âme sœur est un partenaire pour la vie. Dans ce cas, il n'y a *pas* nécessairement de dimension amoureuse. Il peut s'agir d'une mère et de sa fille ou de deux personnes non apparentées qui font équipe pour quelque chose. Bien sûr, ce peut aussi être une relation amoureuse. Par conséquent, c'est une énergie de partenariat.

L'énergie d'une flamme jumelle est celle qui reflète la vôtre comme un miroir. Une flamme jumelle est celle qui trouve « l'autre moitié » de ce qu'elle recherche. L'énergie des flammes jumelles n'implique pas nécessairement un partenariat comme dans le cas des âmes sœurs. Il s'agit davantage de s'unir pour réaliser l'entièreté d'une potentialité ou d'un but.

Le partenariat entre deux âmes sœurs peut être bénéfique pour la vie sans qu'il en résulte rien d'autre. Celui qui existe entre deux flammes jumelles est axé sur un but. Voici un exemple tiré de la vie réelle. Votre ancien président Ronald Reagan avait une âme sœur prénommée Nancy, tandis que les découvreurs de la structure de l'ADN, Watson et Crick, étaient des flammes jumelles.

Parfois, les flammes jumelles sont également des amoureux, mais cela sert alors ce qu'elles doivent accomplir ensemble. Les âmes sœurs sont ensemble pour le bonheur de vivre, tandis que les flammes jumelles le sont pour accomplir quelque chose qu'aucune des deux ne pourrait accomplir seule. Elles peuvent aussi être les deux en même temps ! Quand c'est le cas, la chose est vraiment évidente.

– Quel est le futur de l'éducation ?

Aucune entité ne peut prédire votre avenir. Nous ne pouvons qu'interpréter l'énergie de votre présent. L'avenir potentiel de l'éducation sera fondé sur le système mis en place par la prochaine génération, un système dynamique où les élèves pourront faire évoluer toute la classe au cours d'un trimestre. Cela se passera séparément dans chaque classe. L'enseignant n'aura qu'un but : inculquer aux enfants certains concepts dont ils devront démontrer leur connaissance à la fin de la session. Chaque classe déterminera collectivement le temps qu'il lui faudra pour apprendre chaque concept. Cette méthode produira des classes évoluées dont les élèves fixeront la durée des sessions en fonction de leur performance. Les classes qui termineront leur session plus tôt que les autres jouiront de vacances plus longues.

De plus, les classes pourront révoquer collectivement les élèves qui s'écarteront des leçons, ou aider individuellement ceux qui auront besoin de revoir la matière. Ainsi, ce seront les élèves eux-mêmes, et non la structure, qui décideront de leurs aptitudes scolaires. Ce système sera beaucoup plus valorisant, tout en étant constamment sous la direction de l'enseignant. Il sera très différent de celui d'aujourd'hui, qui commande aux élèves. Dans l'avenir, ce sera l'inverse.

Il n'y aura pas de chaos comme le prédisent plusieurs éducateurs à l'heure actuelle. Un phénomène intéressant survient quand on confie le leadership à ceux qui peuvent l'exercer : ils l'exercent.

— Le reste de l'univers est-il condamné à souffrir de nos erreurs ? Quel est donc ce Tout ce qui est *qui crée un univers sans libre arbitre, puis place un point infime de libre arbitre dans un système solaire obscur et insignifiant situé dans une galaxie obscure et insignifiante ? J'aimerais comprendre les raisons réelles du libre arbitre.*

Nulle part, l'univers ne souffrira des actions humaines. Vous ne commettez pas d'erreurs ; vous décidez plutôt d'un équilibre énergétique, celui de l'ombre et de la lumière. Vos efforts s'appliqueront à une nouvelle création. L'univers célébrera ce que vous faites ici et prendra la lumière que vous créez. Voyez la chose comme la résolution d'un problème dont seules les solutions sont visibles, mais non le travail sous-jacent à leur création.

C'est la dualité humaine qui laisse croire que le système divin possède une logique contestable. Quand on superpose à un paradigme complexe un paradigme limité, on n'obtient que des réponses partielles, et ceux qui vivent dans le paradigme limité ne le savent pas. Ils se pensent complets et leur pensée est claire. Quand on ne sait qu'additionner et soustraire et que l'on tente de résoudre des problèmes physiques complexes, on obtient des réponses simples et fausses. Si l'on ne sait qu'additionner et soustraire, on ne saura jamais que ces réponses sont fausses.

Chers humains, malgré tout ce que je vous ai dit au sujet de l'unicité de votre Terre, plusieurs d'entre vous ne comprennent toujours pas. La vie abonde dans l'univers. Vous ne formez qu'un monde parmi plusieurs comportant l'intelligence, la civilisation et la force vitale. Cependant, votre planète a été conçue pour que quelque chose d'important y soit décidé. Cette énigme est même si prépondérante que vous l'appelez la « grande question » lorsque vous n'êtes pas ici, de mon côté du voile, où se trouvent les réponses à toutes vos questions sur le pourquoi de votre présence sur cette planète et sur le sens de tout cela. Pour l'instant, votre dualité vous empêche de les voir. Il en est ainsi pour que l'impartialité de vos actes ne soit jamais compromise. Cette « grande question » est connue de vous tous au niveau cellulaire et, chaque fois que vous l'ignorez, vous vous demandez où vous en êtes.

Ce scénario requiert que la Terre soit unique sur le plan énergétique et qu'elle soit peuplée d'humains tous semblables. De plus, ce que vous appelez « l'âme » doit appartenir à une famille divine que vous appelez Dieu.

Les efforts extérieurs pour perturber ce scénario sont interdits, et pourtant plusieurs tentent de le faire. En outre, vous êtes bien cachés dans votre galaxie. Un jour, vous découvrirez sans doute d'autres mondes intelligents et vous saurez alors que la plupart doivent avoir deux soleils pour que la vie s'y développe. Votre propre développement fut orienté de manière que s'accomplisse l'évolution nécessaire et c'est pourquoi vous n'avez qu'un seul soleil. Cela veut dire que très peu d'extraterrestres vous chercheront dans ce petit système solaire situé en bordure d'une galaxie dont l'emplacement est très ordinaire.

Votre planète est totalement unique. Bien que plusieurs autres planètes de l'univers aient « le choix », la vôtre est la seule qui possède le libre choix d'évoluer spirituellement jusqu'aux abords du divin, de faire ascensionner tout un monde ou de le détruire. Aucun autre monde ne dispose de cette latitude, de ce contrat, de ce but. Le vôtre est le seul qui possède le libre arbitre quant à l'élévation ou à l'abaissement de ses vibrations !

Lorsque nous parlons de « la seule planète du libre choix », nous entendons par là beaucoup plus que vous ne le croyez. Un jour, vous comprendrez que la Terre est unique, qu'elle est le seul endroit où Dieu réside dans un corps biologique, celui de l'être humain.

– Quelle serait la situation à l'heure actuelle si Al Gore avait remporté l'élection présidentielle ?

La réponse à cette question apparemment toute simple est complexe et certains d'entre vous ne la comprendront pas entièrement. Il y a plus de douze ans, vous avez mis en branle une certaine potentialité pour la planète. Appelons-la « une piste de réalité » parmi plusieurs autres, si vous voulez. Il n'existe pas de prédestination, mais votre nouvelle « piste de réalité » a clairement montré la potentialité de créer votre présent leadership. Pourquoi pensez-vous que la course fut aussi serrée ? Pourquoi pensez-vous qu'elle s'est terminée ainsi ? Ce ne fut pas un accident. Ce que vous aviez projeté de faire il y a plus d'une décennie s'est finalement produit de la façon la plus inusitée, ce qui, d'ailleurs, aurait dû inciter plusieurs d'entre vous à le remarquer. Vous auriez pu vous demander ce qui s'était passé. Pourtant, la plupart y ont vu un événement politique intéressant plutôt que la manifestation de ce à quoi vous vous étiez préparés.

Al Gore n'était pas l'énergie que vous aviez envisagée et, malgré tous les efforts politiques d'une ancienne piste énergétique, il n'a pas remporté l'élection. La question hypothétique de sa victoire ne se pose donc pas. Vous pourriez vous demander, par exemple, en ce qui concerne votre existence personnelle : « Si j'avais tourné à gauche au lieu de tourner à droite, qu'est-ce qui serait arrivé ? » La réponse est fondamentalement liée à la physique et difficile à expliquer. La réalité, celle que vous créez, suit l'être humain. Il n'y a pas de « réalité » quand vous n'êtes pas là. Par conséquent, il n'existe pas de réalité alterne sur une piste que vous avez abandonnée. Il n'existe pas de futur ni de passé sur une piste que personne ne suit. Cette piste demeure simplement inutilisée. Al Gore n'était pas sur votre piste, et cette « autre piste » de réalité ne possède donc aucune manifestation, aucune cocréation, aucune intention humaine. Ce qui dirige votre réalité se trouve sur la piste où vous êtes.

Je sais que tout cela peut sembler bizarre, mais attendez de voir la chose se produire de nouveau, et pas nécessairement en politique américaine, mais au Moyen-Orient. Contre toute attente, quelque chose s'y prépare. Vous verrez.

– J'aimerais en apprendre plus sur Hitler et la réalité de l'Holocauste

Hitler a existé pour accomplir une prophétie relative aux Juifs et pousser ces derniers vers un lieu où ils auraient finalement leur propre patrie. L'Holocauste était aussi horrible que ce que l'histoire en a dit et c'est un exemple du mal qui réside en chaque humain sur la planète. Nous vous avons dit que « le diable et les anges du ciel résident tous en chacun de vous ». Vous avez pu le voir très clairement avec l'Holocauste.

– Les Américains sont-ils réellement allés sur la Lune ?

Oui, très cher, ils l'ont fait.

Lee ajoute : Cette question nous a déjà été posée et je souhaite partager mon point de vue. De nombreux sites Web et des partisans de la conspiration affirment avec conviction que nous ne sommes PAS allés sur la Lune et que c'était un canular. Certaines « preuves » fournies sont très risibles, dont des photos supposées de la NASA qui montrent comment le canular a été monté. Ces photos ne sont pas du tout de la NASA; elles sont plutôt à leur ressemblance, afin de perpétuer le drame. En dépit de tous ceux qui sont convaincus que l'alunissage n'a pas eu lieu, et ce, à un point tel qu'ils fabriqueraient des documents pour le prouver, des choses très évidentes montrent qu'un canular de ce genre n'aurait simplement pas pu se produire, surtout après tout ce temps.

Certains disent que l'image télé embrouillée était voulue et que cela démontre que nous avions besoin de cacher ce que nous faisions. Tous ceux qui prétendent cela n'étaient pas là à l'époque pour voir les événements! Ils sont enfermés dans leurs perceptions de la télé actuelle et n'ont aucune idée de ce qui se passait alors. La télédiffusion de l'époque était bonne seulement si vous aviez une antenne de 50 000 watts de tension installée sur une colline pour la capter! Le LEM (module d'exploration lunaire) diffusait sur seulement cinq watts approximativement (ou moins) et cela représentait une des premières tentatives de diffusion d'une image télé à partir de l'espace... à 240 000 milles de là! Souvenez-vous aussi que Neil Armstrong fit alunir le LEM avec un ordinateur qui avait une fraction du pouvoir et de la technologie que l'on retrouve dans l'iPod d'aujourd'hui! C'était si mauvais qu'il le désengagea pour alunir. En d'autres termes, notre technologie de l'époque était très, très élémentaire. Nous avions de grandes fusées et des astronautes courageux, mais aucun ordinateur à proprement parler et très peu d'automatisation pour cette tâche. La génération actuelle ne peut pas vraiment imaginer notre monde sans tous les gadgets qu'elle connaît, mais en 1969 nous ne les avions tout simplement pas.

Mes arguments :

D'abord ce point crucial. Souvenez-vous du climat politique et scientifique de l'époque. L'Union soviétique était aussi dans la course vers la Lune. Les Soviets avaient des sondes, même quelques capsules, qui se sont écrasées sur la Lune (peut-être avec des humains à bord!). Ils étaient obsédés par l'idée d'y arriver avant les Américains! Ils avaient des radars, des satellites, et leur meilleure technologie optique était pointée vers la Lune au moment où nous étions sur le point de débarquer. Ils disposaient aussi d'un groupe gigantesque, genre CIA, qui espionnait et tentait de son mieux de découvrir toute tromperie venant de l'Occident. S'il s'était agi d'un canular, ils auraient crié, sauté sur place; ils en auraient fait le plus grand coup de publicité de tous les temps! Ayant alors été les premiers à savoir, ils auraient immédiatement dénoncé à l'international la tromperie américaine. En d'autres termes, vous n'auriez pas pu le cacher aux Soviétiques. Même s'ils l'avaient juste soupçonné, cela aurait fait la une des manchettes. D'ailleurs, ils le feraient encore aujourd'hui! Ils sont très fiers de leur technologie.

Des milliers d'individus étaient mêlés au projet d'aller sur la Lune. Pourtant, aucun ne s'est avancé avec une information crédible prouvant que ce projet ne fut pas réalisé. À l'époque actuelle, où les secrets ne peuvent être gardés même pendant quelques heures, cela nous indique clairement que nous l'avons fait. À l'heure qu'il est, bien des gens se seraient avancés pour dire la vérité s'il en avait été autrement.

Des milliers d'astronomes amateurs dans le monde avaient pointé leurs télescopes vers le LEM alors que ce module se séparait du vaisseau mère en orbite et qu'il alunissait. Plus tard, ils l'ont vu quitter la surface de la Lune et rejoindre ce même vaisseau orbiteur. Pour en faire un canular, il aurait fallu que tous ces gens fassent partie de la supercherie. Cela pousse trop loin l'idée d'une conspiration.

Dans la même veine, de nombreux pays ont traqué cet événement et l'ont vu se dérouler en entier. Si l'événement avait été une supercherie, il aurait fallu qu'ils en fassent partie eux aussi et qu'ils gardent le secret durant quarante ans.

– Après avoir lu votre information. J'ai pris assez vite la décision de demander le nettoyage de mon karma. Puis, je me suis plongé de plus en plus profondément dans la vie de tous les jours. Je sens maintenant que mon karma est de plus en plus chargé. Cette charge devient lourde à porter! Mon karma a-t-il empiré? Le karma original a-t-il été effacé? Je sens encore que j'ai une mission spéciale dans cette vie.

...r, vous avez en effet une mission spéciale. Vous-
...us les autres qui se sentent possiblement comme
vous, écoutez ceci : ne confondez pas le karma avec les difficultés de la vie. Le karma est une empreinte qui joue un rôle
dans les leçons directes et la passion de la vie. Quand vous le
nettoyez, vous vous donnez la permission de changer. Le
changement veut souvent dire une reconstruction des fondations mêmes de votre vie, et c'est cette reconstruction que
vous vivez. Avez-vous vraiment pensé que ce serait facile ?
Nous vous avons dit bien des fois que le travail commence
maintenant, et vous faites vraiment le « travail ». Comprenez-
vous cette fois pourquoi nous avons attribué une telle importance à cette décision que vous avez prise ?

Vous n'êtes pas en train de vous alourdir avec quoi que ce
soit. Au lieu de cela, vous clarifiez et complétez, et tout cela
sera potentiellement fini sous peu. Cela veut dire que ce que
vous faites n'est pas une futile remontée à contre-courant d'un
flot appelé « la vie ». C'est plutôt une reconstruction constante
de quelque chose appelé VOUS.

Que soit béni l'être humain qui comprend cela et qui
approche cette importante période de travail avec compréhension et paix. C'est pourquoi il est aimé si profondément...
pour tout ce qu'il endure et traverse. Cela aide la structure
même de la planète !

*— Presque tous les humains semblent favoriser l'utilisation
d'une main, que ce soit la droite ou la gauche. Par exemple,
quand j'écris quelque chose avec la main gauche, je remarque
que je ne réussis pas très bien, c'est le moins que je puisse dire.
Pourquoi les humains sont-ils habituellement meilleurs dans
l'utilisation d'une seule de leurs mains (le plus communé-
ment la droite) ? Est-ce une bonne idée de s'exercer à utiliser
aussi l'autre main/côté ? (Peut-être cela nous ouvrira-t-il à
plus de conscience de tout ce qu'est l'humain.)*

Une part de la condition humaine est que vous êtes tous polarisés. Vos côtés droit et gauche sont en fait des parties séparées de votre système physique qui rivalisent entre elles. Vous avez sûrement observé la symétrie extérieure de votre corps, où un côté de vous-même est simplement une copie de l'autre ? C'est là l'efficacité de votre processus évolutionnaire.

Cependant, le sujet que vous abordez est intéressant. En effet, si vous passez un peu de temps à exercer votre autre main à écrire (ou même à lancer une balle), vous augmenterez l'équilibre du pont entre les pôles de votre corps. Votre cerveau est profondément impliqué dans ce processus, ainsi que votre ADN. Tout ce que vous pouvez faire pour créer un meilleur équilibre en vous-même est bon. Je vous propose l'exercice suivant : essayez de vous écrire une lettre en vous servant de la main non dominante. Vous pourriez en fait vous découvrir !

– Ma question porte sur la beauté (humaine), soit la beauté saisissante de certaines personnes, comme l'actrice ou l'acteur le plus adoré de qui les autres tombent instantanément « amoureux ». J'ai mis le mot amoureux entre guillemets parce que cela ne m'apparaît pas un amour complet. Pourquoi certaines personnes ont-elles ces qualités « aguichantes », alors que les autres ne les ont pas ? Pourquoi la plupart d'entre nous sont-ils attirés par les gens physiquement attrayants, bien que cela soit juste une petite fraction de ce qui peut faire d'une personne une bonne partenaire ? Sommes-nous aveugles ? Y a-t-il quelque chose que nous ne saisissons pas ?

Non, très cher, ce n'est pas que quelque chose vous échappe. Vous répondez simplement à la chimie humaine de base et aux attributs biologiques pour lesquels vous avez été constitué. Votre industrie du spectacle est basée sur cela à l'échelle mondiale et ce n'est pas quelque chose que vous devriez essayer de comprendre ou «de renverser». Cela fait partie du tableau et crée les défis appropriés. Cependant, le sujet commande l'analyse de ceux qui ont choisi d'arborer la «beauté».

Ceux qui ont ce genre de beauté ont ajouté une couche de difficulté supplémentaire à leur défi de vie. Ils attireront de la part des autres une conscience plus vive de qui et où ils sont. Ils ne peuvent s'empêcher de créer de l'agitation, du drame, et ils doivent acquérir certaines compétences que les autres n'auront jamais besoin d'apprendre. La plupart d'entre eux n'y arrivent pas, si vous avez bien remarqué. Leur situation exige un sens ferme de la responsabilité de ce en quoi ils croient, une intuition de ce que les autres attendent d'eux, et la capacité d'avoir «des yeux dans le dos» pour leur propre sécurité. Cela crée aussi une situation où ils doivent créer leur propre équilibre et non l'obtenir d'une chose extérieure à eux-mêmes. Peut-être avez-vous vu ce qui arrive aux gens célèbres quand ils sont entourés durant toute leur vie d'individus qui leur diront toujours *oui* en toutes choses? Ils se retrouvent dans une réalité différente de la vôtre ou de n'importe qui d'autre sur terre… et ne le savent même pas.

Vous avez entendu dire que c'est une malédiction d'être beau? Il y a un peu de vérité dans l'énergie de cette déclaration.

QUATRIÈME PARTIE

Médecine énergétique et science

Médecine énergétique et science

– J'ai lu récemment que le tracé des chakras dans le corps se modifie avec l'arrivée de la nouvelle énergie cosmique et que le nouveau système comporte douze chakras et non plus sept comme l'ancien. Pouvez-vous nous fournir de l'information à ce propos?

C'est exact. Nous avons même dit aux acupuncteurs classiques que le corps possède des «méridiens interdimensionnels» au-dessus des douze méridiens de base. Il en est de même pour le travail sur l'aura. Comme vous vous transformez dimensionnellement, le nombre de vos chakras augmente. Ceux qui s'ajoutent aux sept de base (qui sont tridimensionnels) se trouvent au-dessus de vous.

Comme il sera (à l'évidence) plus difficile de travailler sur eux que sur les sept premiers, de l'information vous sera fournie à ce sujet par ceux qui y sont autorisés. D'ailleurs, ils ont déjà commencé.

– Que pensez-vous de l'énergie tachyonique? La technique de la tachyonisation jouera-t-elle un rôle dans la science future, en médecine, et en méditation?

Oui, dans les trois cas, et plus encore. On ne peut séparer l'énergie tachyonique des autres énergies interdimensionnelles, mais il s'agit néanmoins d'une énergie spécifique. On peut l'appeler «l'énergie cachée, bénigne, de l'univers». Elle est toujours présente et l'on peut la focaliser (la placer dans des objets), et elle est un peu comme un ami qui vous aide quand vous en avez besoin.

Lorsque vous percevez l'énergie d'un cristal et peut-être aussi de certaines pierres précieuses, vous voyez qu'il s'agit dans tous les cas d'une puissante énergie pouvant servir à des fins précises. L'énergie tachyonique est l'une des seules composantes de cette «soupe énergétique» qui s'harmonise avec vous pour établir l'équilibre. Elle a pour fonction d'améliorer votre vie et de permettre aux autres énergies d'effectuer leur travail. Il s'agit donc d'une énergie très tranquille qui s'aligne sur la vôtre et qui «sait» comment vous aider, peu importe la situation.

Ceux qui ont trouvé le moyen de placer l'énergie tachyonique dans du verre ou dans d'autres matériaux vous fournissent l'occasion de la porter sur vous d'une façon plus spécialisée, ce qui conduira éventuellement à son inclusion dans des objets scientifiques ou médicaux. Quand on réalise que cette énergie a pour fonction de «préparer le décor», on voit qu'elle serait nécessaire en toutes choses.

N'oubliez pas que vous êtes tous dans un état quantique. Votre réalité vous empêche de le voir, puisque vous avez l'impression d'être singuliers, mais vous êtes «connectés», ce qui permet à des énergies comme l'énergie tachyonique d'exister et de «savoir» qui vous êtes.

– Est-ce que la technique d'harmonisation EMF et l'énergie de la reconnexion sont une seule et même chose?

Non. Ce sont deux approches très différentes du pouvoir humain. Ces deux disciplines sont nouvelles sur cette planète (depuis une décennie). Les deux vous demandent de «ressentir» votre énergie intérieure. Les deux sont d'inspiration divine, mais chacune est gérée par un être humain qui est né dans ce but. Les deux peuvent fonctionner ensemble si vous le désirez.

Les humains sont divers. Vos cerveaux diffèrent les uns des autres. Une approche qui est captivante pour l'un est souvent ennuyeuse pour un autre. Vous le savez bien, car vous le constatez tous les jours. C'est pourquoi plusieurs religions existent sur la planète. Y aviez-vous déjà pensé ? Si Dieu est Dieu et si vous en êtes réellement des fragments, pourquoi alors tant d'idées différentes à ce sujet ?

Plusieurs chemins conduiront donc toujours aux mêmes réalisations. Certains en choisissent un et d'autres en choisissent un autre. Certains désirent même les parcourir tous ! Décidez donc quel processus vous convient et étudiez-le. Quand vous aurez terminé, voyez si vous désirez aussi étudier l'autre. Leurs enseignements respectifs ne sont pas en contradiction : l'être humain possède intérieurement le pouvoir divin et il peut créer d'une façon qui était impossible dans la vieille énergie. La prémisse des deux, c'est que vous êtes un maître sur cette planète.

> *– Je ne veux pas avoir l'air frivole, mais j'aimerais savoir si notre constitution génétique influencera nos futures caractéristiques physiques. Suis-je destinée à vivre avec celle-ci pour l'éternité ou bien pourrai-je reconfigurer mon corps après 2012 au lieu de continuer à régénérer mes cellules actuelles ? J'ai un excellent système immunitaire, je suis en très bonne santé et en pleine forme, mais je suis prête pour un changement ou peut-être pour une amélioration de mon apparence, de façon qu'elle reflète mon intériorité.*

Quelle question merveilleuse ! Le corps humain aura toujours la même apparence. La seule différence résidera dans ce que vous appelez « la nature humaine ». C'est cela qui pourra changer et qui est la cause, selon plusieurs, de la guerre, de la cupidité et de la souffrance sur cette planète. Le changement sera toutefois très lent. De plus, le système immunitaire cédera progressivement la place à un système qui harmonisera et transformera au lieu de combattre. Ce changement cellulaire évolutionnaire pourra se produire au cours des deux ou trois prochaines générations. L'année 2012 est un jalon énergétique. Quelle que soit l'énergie à ce stade-là, elle préparera le terrain au prochain changement.

> *– Nous faisons face à tel dilemme concernant la recherche sur les cellules souches et l'espoir qu'elle engendre. Tant de gens souhaitent utiliser les cellules embryonnaires, puisque ce sont les plus optimales pour le développement. Vous avez dit que nous pouvions en trouver d'autres en dehors de celles qui sont présentes durant l'embryogénie. Mais que se passe-t-il si nous ne pouvons pas attendre? Où sont celles qui présentent le plus grand potentiel, mais qui ne dérangent pas les limites morales de ceux qui respectent la vie et ne veulent pas expérimenter avec elle?*

Répondons en deux volets à cette question :

Partout, dans le corps humain, se trouvent des cellules souches qui feront tout ce que vous souhaitez leur faire faire. Cependant, vous avez raison, cela prendra un certain temps pour les localiser et les «activer» afin qu'elles se comportent comme celles que vous observez dans le processus d'embryogénie. Vous découvrirez quelque chose qui ramènera ces autres cellules à leur état original, mais vous ne l'avez pas encore. En fait, vous l'avez, mais ce ne sera pas révélé au grand public avant que davantage de recherches ne viennent démontrer que ce que voit la science est bien réel. Cela prendra cinq autres années.

Certains travaillent à l'heure actuelle avec les cellules souches *provenant de la naissance*. Ces tissus présents à la naissance et appartenant au placenta et au cordon ombilical sont

constitués de cellules souches très, très actives. Cette information n'est pas nouvelle et des laboratoires travaillent à cette
recherche en ce moment même. Encore une fois, vous n'en
entendez parler que plus tard la plupart du temps, car les
scientifiques sont souvent discrets... attendant d'être certains
de leurs découvertes.

Alors, célébrez la bonne nouvelle, soit le fait de pouvoir
faire votre recherche avancée sans troubler ces personnes qui
considèrent les questions embryonnaires humaines comme
relevant du sacré.

*– Vous nous avez dit que le simple fait de tenir des pilules
dans la main pouvait être un moyen efficace de « guérir ».
Ma question est la suivante : cela en élimine-t-il les effets
secondaires nocifs ? Est-il dangereux de tenir ainsi du
Prozac ? Est-ce que je peux tenir un analgésique dans la
main sans en subir les effets secondaires négatifs ?*

Nous en parlons depuis des années. L'être humain peut se
brancher sur « l'intelligence cellulaire » en tenant des médicaments dans sa main, et bénéficier des résultats. C'est peut-être
l'un des plus étranges enseignements de Kryeon. Par ailleurs,
c'est aussi la base de la kinésiologie et même, d'une certaine
façon, de l'homéopathie. Dans les deux cas, l'intelligence cellulaire, qui dépasse la vôtre, est activée pour produire en vous
des modifications chimiques ou pour vous fournir des
réponses ou des messages qu'elle est seule à posséder.

Nous vous l'avons déjà dit, vous pouvez en faire l'expérience en tenant dans la main vos médicaments habituels.
Tout comme en kinésiologie, le corps « sait » alors ce que vous
tenez dans votre main. Libre à vous de trouver cela étrange,
mais même vos scientifiques commencent à accepter le fait
que la méditation exerce des effets chimiques sur le corps, ce
qui confirme le pouvoir de la conscience sur la matière ou, en

langage scientifique, « la capacité de modifier considérablement la structure cellulaire par la conscience uniquement* ».

Votre corps connaît votre intention ainsi que la substance que vous tenez. Il est donc possible d'imprégner vos cellules des propriétés de l'intention d'utiliser cette substance. Comme vous ne l'utilisez pas réellement, vous n'en subissez pas les effets secondaires. Le corps sait l'effet que vous recherchez et il « voit » les propriétés du médicament.

Ici, soyez prudents. Cette expérience n'appartient pas à votre réalité normale. Par conséquent, si vous désirez la tenter, allez-y lentement si la substance est importante pour votre santé. Cela peut fonctionner différemment dans la conscience de l'individu, selon son cheminement. Toutefois, c'est aussi efficace avec l'aspirine qu'avec l'insuline, deux substances ayant des fonctions très différentes.

Certains individus qui ont entendu ce message ont pu réduire substantiellement leur apport d'insuline avec le temps. Ils ont toujours besoin de s'en injecter, mais en une quantité bien moindre qu'auparavant. Le principe est le même que pour l'homéopathie, où une partie par million d'un « remède » est « vue » par le corps. Ce dernier réagit à votre intention, à la substance et à la conscience qui lui est associée.

> *– J'ai eu récemment un épisode de vertige. Je suis âgée de 84 ans et j'ai été en bonne santé pendant presque toute ma vie. Depuis cet épisode, j'ai entendu parler de plusieurs autres femmes âgées qui ont le même problème. Les médicaments m'ont aidée, mais il y a toujours des moments où j'éprouve*

---

* **Note de Lee :** Si vous désirez en faire l'expérience, allez-y lentement et avec précaution. Si cela ne fonctionne pas, arrêtez. Ne cessez pas brusquement de prendre vos médicaments ! Usez de votre bon sens et faites des essais. Sachez toutefois que cela a été concluant pour plusieurs personnes. Imaginez ! Votre flacon d'aspirines ou d'antiacides pourrait durer des années !

une «sensation océanique», une impression de flotter. Y a-t-il là un rapport avec le changement de l'humain, qui devient un être cristallin plutôt qu'un être à base de carbone?

Cher humain, c'est beaucoup plus simple que toutes vos suppositions. N'essayez pas de compartimenter tel aspect ou tel autre. Quand un être humain vit la moindre transformation interdimensionnelle, plusieurs choses changent. Toutes les fausses sensations d'anxiété, d'étourdissements, de difficultés de concentration, de bourdonnements dans les oreilles et même d'éblouissements sont des altérations sensorielles. Lorsque le spectre entier des couleurs change, on ne peut pas dire que l'on passe d'une couleur à une autre, car on développe en fait une toute nouvelle palette.

Ce passage de la quatrième dimension aux dimensions supérieures affecte grandement le fonctionnement biologique. Pendant un certain temps, on peut avoir recours à des appareils mécaniques pour s'aider et même à des produits chimiques ou des substances naturelles pour se rééquilibrer.

Vous êtes née dans la quatrième dimension et vous allez maintenant plus loin. Par conséquent, votre «normalité» change. Est-il possible de vous équilibrer pour compenser? Oui! De «parler» à votre structure cellulaire? Oui! Nous vous le disons depuis des années. Vous savez maintenant pourquoi nous vous avons livré ces messages. Vous commencez peut-être à saisir l'importance de vous intégrer davantage à vos fonctions biologiques!

– Ma pratique de la psychothérapie porte sur la ménopause et sur d'autres phénomènes liés à cette transformation qui survient dans la vie des femmes. J'essaie d'inscrire la ménopause comme une étape du processus d'évolution spirituelle, peut-être même comme une partie de l'aspect féminin de l'ascension. Pourriez-vous m'aider à expliquer ce que le processus

menstruel signifie pour mes clientes et comment il se fait que les femmes semblent subir cette «puberté à rebours» plus difficilement que les hommes?

Encore une fois, nous vous rappelons que vous devez séparer le biologique du spirituel. Voyez ce que fait le corps. Il interrompt le processus de procréation afin que la femme ne soit pas mise en danger. C'est la raison de ce phénomène, qui est propre à l'âge. C'est cependant un vieux paradigme puisque nous vous enseignons que vous pouvez prolonger votre espérance de vie, ce qui implique également de porter des enfants plus longtemps en toute sécurité si cela fait partie de votre plan de vie.

Pour l'homme, le processus évolutif est différent, car son fonctionnement biologique n'est pas lié au processus de naissance puisqu'il ne porte pas l'enfant. L'âge n'a donc aucune importance pour la production des semences, qui se poursuit pratiquement jusqu'à la mort.

Le corps protège donc la femme d'un stress indu et même d'une mort prématurée qu'une grossesse non soutenue physiologiquement pourrait entraîner. Il faut voir cela comme une bénédiction.

Cependant, nous ajouterons ici quelque chose qui répondra mieux à votre question. Parfois, chez les femmes, le processus s'interrompt pour des raisons spirituelles plutôt que biologiques! Chez les hommes aussi, parfois, les hormones du désir et de la performance semblent s'arrêter prématurément. Vous êtes-vous déjà demandé pourquoi?

C'est que les chamans ont besoin que les distractions terrestres communes soient éliminées afin de pouvoir mieux se concentrer sur les questions spirituelles. Ne voyez pas ici un message caché. C'est différent pour chaque être humain et l'on ne peut donc établir aucune généralité. Vous devriez toutefois savoir que c'est souvent là une partie du processus de «libération des distractions devenues inutiles» qui survient pour faciliter l'illumination spirituelle. Cela ne se produit pas chez tous, mais chez plusieurs. C'est pourquoi les aînés vous semblent souvent plus sages. Ils ne sont plus incommodés par cette série très complexe et très exigeante de réactions chimiques qui surviennent dans le corps et créent un malaise cyclique ou la souffrance du désir non assouvi, ce qui suscite également une frustration et une distraction psychologiques.

Quant à vous, les femmes, vous devez considérer ces phénomènes comme associés. Quel est votre besoin? Y répondez-vous? Est-il approprié à votre contrat? Quand il survient, parlez à votre structure cellulaire et installez le processus chimique nécessaire à votre énergie en disant adieu à celui qui disparaît. Faites-le avec un peu de cérémonie. Vous pouvez parler à vos cellules tout naturellement. Elles réagiront en créant ce qui manque.

Voilà le nouvel être humain. Il prend le contrôle de son corps en parlant directement à ses cellules, en créant naturellement des tissus et des processus chimiques, puisque la structure cellulaire de son corps «écoute» ses besoins et est beaucoup plus puissante que ne le soupçonnent les scientifiques

– J'ai lu dernièrement que la «configuration» des chakras se modifie avec l'arrivée des nouvelles énergies cosmiques et que la nouvelle configuration comporte douze chakras au lieu des sept chakras traditionnels. Pourriez-vous nous informer à ce sujet?

C'est exact. Nous avons même dit aux acupuncteurs que le corps possédait des «méridiens interdimensionnels» au-dessus des douze méridiens de base. Il en est de même pour le travail sur l'aura. Comme vous changez de dimension, votre système de chakras s'améliorera. Les centres énergétiques qui s'ajouteront aux sept chakras traditionnels (ceux qui sont dans la troisième dimension) se trouvent au-dessus de vous.

Il sera évidemment plus difficile de travailler avec eux qu'il ne l'était avec les sept chakras de base. Ceux qui en ont le mandat vous informe déjà à ce sujet.

– Quel est le secret de l'énergie libre, de la matière et de l'antimatière ? Les humains ont-ils naturellement la faculté de percevoir d'autres parties du spectre lumineux, et comment peuvent-ils la développer ?

Très chers, nous ne voulons vraiment pas vous donner des réponses évasives. Toutes les questions comportent les secrets de l'espace et du temps interdimensionnels ainsi que la source même de la vie. Nous vous livrerons uniquement ce qui est approprié à vos besoins et ce qui a déjà été «pensé» par d'autres humains. Cette planète est celle du libre arbitre, y compris en ce qui concerne le développement scientifique.

Il peut sembler paradoxal de passer d'un message d'amour à des questions ayant trait à la physique, mais ne suis-je pas le maître magnétique ? J'aime parler de ces choses-là, mais vous ne comprendrez pas toutes les explications qui suivent. Afin que cette canalisation soit complète et parce que mon partenaire n'entend pas grand-chose à cette matière, nous ferons ce que nous n'avons fait que deux fois jusqu'ici : **nous invitons maintenant l'énergie de Métatron à se manifester !**

Métatron et Kryeon sont de la même famille, celle de l'archange Michaël. C'est la famille de la physique spirituelle et elle est très unie. Les trois énergies sont donc présentes pour donner ce message. L'une est représentée par mon partenaire [Lee] qui traduit, et il y a aussi l'amalgame Kryeon/Métatron, qui parle de physique. Nous désirons vous entretenir d'un sujet qui est cher au cœur des physiciens et nous avons très hâte de le faire ; il s'agit de l'énergie libre. Vous ne saisirez pas tous nos propos, mais certains lecteurs les comprendront, tout comme certaines personnes présentes ici. Je demande donc à mon partenaire de tout traduire clairement et très lentement au besoin.

Tout d'abord, nous voulons que vous saisissiez la prémisse selon laquelle les scientifiques sont convaincus depuis quelque temps qu'une énergie libre existe, qui pourrait être employée dans un appareil capable de se maintenir sans carburant. La question qui se pose est celle-ci : est-ce possible ? La réponse est oui. Certains parmi vous comprendront bien comment cela pourrait fonctionner, car le magnétisme est grandement en cause. D'autres le découvriront aussi au niveau macrocosmique, mais ce ne sera pas très efficace. Nous désirons vous fournir quelques réponses qui vous étonneront peut-être, mais qui vous permettront d'accéder plus facilement et plus rapidement à cette énergie libre.

Résumons : quand vous étiez enfants, vous avez sans doute été fascinés par la force des aimants statiques, dont les pôles identiques se repoussent mutuellement. Vous vous amusiez à déployer toute votre force pour tenter de les réunir. Plus ces aimants étaient gros, plus ils s'y opposaient. Comment se fait-il qu'un humain qui investit tout son poids dans cet effort ne puisse pas vaincre la force récalcitrante de ce simple morceau de métal ? Quel phénomène est en cause ici ? Pourquoi ne pouvez-vous pas diriger cette force dans la direction que vous désirez ?

Évidemment, les physiciens ont élaboré diverses théories sur l'énergie prisonnière, qu'ils qualifient de cinétique. Ils tentent de vous expliquer par beaucoup de verbiage pourquoi le métal contient une force répulsive. Toutes leurs explications sont fausses ! Il leur reste encore quelque chose d'important à découvrir en matière de magnétisme. En effet, celui-ci comporte une couche interdimensionnelle que vous commencez à peine à entrevoir et qui est indéfinissable dans votre réalité quadridimensionnelle. Votre physique ne connaît même pas la véritable raison pour laquelle cette force est répulsive. Vous lui avez donné un nom, mais vous ne la comprenez pas.

Certains scientifiques ont proposé ceci : « Peut-être pourrions-nous utiliser la force magnétique contre elle-même, dans une machine fonctionnant avec des aimants qui produisent une énergie en cercle ? Cette force incroyable d'attraction/répulsion nous procurerait alors un moteur alimenté par une énergie naturelle ! »

C'est de cette façon simple que la science a d'abord envisagé l'énergie libre. Aujourd'hui, si vous en parlez à un physicien, vous découvrirez que c'est impossible. Il vous dira qu'il y aura toujours un « compromis », qu'il faudra toujours « payer les violons* ». On n'obtient jamais rien pour rien. Selon les physiciens, quelque chose interférera toujours avec l'énergie libre. Ont-ils raison ? OUI ! Mais quel est ce « quelque chose » ? La physique quadridimensionnelle ! La contrainte qui s'impose à vous, la raison pour laquelle cela ne fonctionne pas, c'est votre réalité dimensionnelle.

Vous connaissez maintenant le problème et nous espérons l'avoir expliqué d'une manière intelligible pour vous. Le physicien a raison de vous dire que l'on n'obtient jamais rien pour rien, mais nous devons ici vous parler de la vraie physique. Ce moteur magnétique fonctionnera-t-il ? OUI, très bien, mais pas comme vous le pensez.

Avant d'aborder la prochaine question, nous devons vous dire ceci : cette physique dont vous êtes tellement fiers est cohérente lorsque vous découvrez un postulat tout à fait démontrable dans votre monde quadridimensionnel. Vous êtes alors enclins à vous en féliciter, puis vous appliquez cette

---

* Payer les violons : Une expression qui signifie, au sens figuré, de payer les frais de quelque chose sans en retirer aucun profit ou plaisir.

loi à tout l'univers. Par conséquent, les physiques newto-
nienne, einsteinienne et euclidienne – les lois qui semblent
tout régir à tous les niveaux – sont pour vous absolues. À
mesure que vous les découvrez dans votre réalité, vous les rendez immuables pour toutes les réalités. Eh bien, c'est une
erreur ! Permettez-moi cette question, cher scientifique :
avez-vous expérimenté cette physique sous toutes ses formes
possibles ou bien avez-vous émis quelques hypothèses ?

Nous vous avons fourni des indices par le passé. Kryeon
vous a laissé entendre qu'il manquait des pièces à vos concepts
de base et qu'elles vous échappaient. La physique est variable,
sachez-le, et c'est une mauvaise nouvelle pour certains. Quelle
est la plus grande variable en physique ? La taille. Le rapport
des attributs entre la masse, le magnétisme et la gravité
change avec la taille.

Appelons cette variable « la membrane quantique ». C'est
une membrane d'attributs. On la traverse à un niveau quantique où la physique change. Certains ont observé le phénomène, mais l'ont considéré comme une bizarrerie. D'autres
ont mis en doute l'existence de cette membrane. Oui, elle
existe. Quand on traverse ce niveau, plusieurs choses étranges
et inhabituelles surviennent, qui pourraient ouvrir la voie à
l'énergie libre. Mais soyons plus précis. Il s'agit en fait d'une
membrane dimensionnelle par laquelle vous passez de la quatrième dimension à la cinquième. Bien sûr, c'est une mauvaise
façon de le dire, car quand vous sortez de la quadridimensionnalité, il n'y a plus de linéarité puisque le temps n'est plus le
même. Sans la linéarité, vous ne pouvez plus compter, n'est-ce
pas ? [Rire.] « Cinq » devient donc une impossibilité. Disons
donc simplement que vous « sortez de votre dimension ».

Écoutez bien, car l'information qui suit sera bientôt validée par vos physiciens. Je vous pose d'abord cette question :
selon votre physique, deux choses peuvent-elles exister au
même endroit en même temps ? Vous pourriez me répondre

par un non catégorique, me dire que c'est impossible. Je vais donc poser la question autrement : et si les deux choses étaient en réalité la même deux fois ? Vous pourriez dire que vous n'avez jamais entendu parler d'une telle chose. Évidemment ! C'est pourtant ce qui se passe quand la matière traverse la membrane quantique ! La même particule existe simultanément dans deux dimensions.

[Pause.]

Écoutez, très cher partenaire [Kryon s'adresse ici à Lee], c'est important. Vous devez comprendre parfaitement notre explication. C'est la première fois que nous évoquons ce sujet, et Métatron et Kryeon veulent vous livrer l'information d'une manière intelligible pour les lecteurs.

Lorsque la matière traverse la membrane, il y a un instant infinitésimal où elle contient les deux polarités, positive et négative. Ces deux polarités semblent au même endroit en même temps. On pourrait presque dire qu'il s'agit d'un échange d'antimatière. Dans la membrane se produit alors un infime déséquilibre momentané de ce que nous appelons le Treillis cosmique. À cet instant, une énergie est créée apparemment à partir de rien. En fait, ce n'est pas à partir de rien, mais à partir de tout ! Le Treillis cosmique constitue toute l'énergie de l'univers dans un état d'équilibre, un état zéro, «nul», où l'on peut puiser. Nous avons déjà expliqué cela. Comment y puiser ?

Le secret de l'énergie libre réside dans l'infiniment petit : un magnétisme infime traversant la membrane, ce qui signifie qu'une force interdimensionnelle est à l'œuvre. C'est le saut quantique, où l'on semble franchir l'infranchissable, où les particules peuvent passer d'un endroit à un autre sans paraître franchir de distance. Et si ces particules n'avaient jamais «voyagé» réellement ? Et si elles sautaient dans une autre dimension parce qu'elles étaient contraintes à occuper un même endroit en même temps ?

Le secret de l'énergie libre réside dans la création d'un très grand nombre de machines minuscules fonctionnant ensemble. Si vous pouviez construire des machines aussi petites et les aligner dans un but commun [une poussée commune], vous pourriez tirer profit de ce que je viens de vous révéler. Vous découvririez que le magnétisme se comporte différemment au niveau moléculaire. L'énergie libre peut s'obtenir aujourd'hui par des ensembles de très petites machines. Pensez petit, très petit. Non seulement l'énergie libre est-elle possible, mais elle existe. Elle n'est pas gratuite non plus. Elle n'est pas créée à partir de rien. Il s'agit plutôt de puiser dans le treillis, où elle est disponible en une immense quantité.

Vous découvrirez aussi autre chose qui amusera beaucoup les mathématiciens : la batterie de machines moléculaires totalisera une force qui dépassera la somme de ses parties ! Ce simple fait indique bien qu'une énergie invisible est à l'œuvre.

Voici un dernier conseil au sujet de l'énergie libre : puisqu'il y faut un magnétisme infime, vous aurez peut-être besoin de très petites polarités pour la réaliser. Comment ? N'oubliez pas que vous pouvez magnétiser certains gaz.

Métatron et Kryeon désirent aussi vous livrer une information au sujet de la matière et de l'antimatière. Certains physiciens croient que l'univers doit contenir sa propre antithèse, c'est-à-dire que l'antimatière et la matière positive doivent exister ensemble pour qu'il y ait l'équilibre exigé par les mathématiques de la physique. Curieusement, la matière positive [celle que vous voyez] est partout autour de vous, mais sa contrepartie [l'antimatière] vous échappe. Par conséquent, le physicien pourrait se poser la question suivante : « Où se trouve l'antimatière ? Existe-t-elle en aussi grande quantité que la matière positive ? » La réponse est oui.

Où se trouve donc l'antimatière ? Elle repose sur la « membrane quantique d'attributs ». Elle est également dans un cadre temporel légèrement différent. Quand vous comprendrez qu'il est physiquement possible de changer de cadre temporel, toute l'antimatière se révélera à vous. C'est qu'elle doit absolument être présente pour qu'il y ait équilibre ! Remarquez ici une très grosse blague cosmique : c'est parce que l'antimatière se situe dans un cadre temporel légèrement différent que vous avez identifié à tort le big-bang.

Chers scientifiques, oubliez votre préjugé quadridimensionnel pendant un instant et écoutez-moi bien. La matière s'est manifestée partout en même temps. Il n'y a pas eu d'explosion. La membrane s'est modifiée et l'univers fut créé. Bien sûr, pas celui que vous voyez aujourd'hui, mais un univers naissant. Le résidu de cette modification de la membrane est partout. Vous ne décèlerez jamais la source d'une explosion. Toute la réalité est devenue réalité en même temps. Quand vous vous en rendrez compte, vous découvrirez aussi le secret de la communication instantanée sur de longues distances par l'interdimensionnalité qui abolit toutes les lois spatiotemporelles.

[Pause.]

Métatron s'en va, mais il reviendra…

Combien ont peur de ce changement ? Craignez-vous qu'un allègement de la dualité vous fasse perdre votre famille et vos amis ? Vous vous dites peut-être ceci : « Kryeon, je parle de métaphysique, mais eux non. J'aime ma partenaire et j'estime mes amis; je ne veux donc pas les perdre. Je ne veux pas être un paria. Je ne veux pas être ostracisé et me retrouver seul. Serait-ce là pour moi la conséquence du déplacement de la grille ? »

Oh ! très cher, je pense que vous n'avez pas réfléchi suffisamment. Que se passera-t-il quand vous aurez revêtu le manteau du maître intérieur ? Quand vous aurez revêtu le manteau de l'amour ? Quand vous aurez ascensionné et que vous serez devenu plus sage ? Quand vous serez plus pacifique ? Quand vous sourirez trop ? Il se passera exactement le contraire de ce que vous craignez. Les gens voudront se trouver en votre présence, car vous aurez changé. Ils vous admireront et seront attirés vers vous. Ils verront que vous avez réussi à « rassembler les pièces », contrairement à eux, et ils rechercheront votre compagnie. Ils tomberont de nouveau amoureux de vous, et des liens permanents se créeront. Ce sera donc tout le contraire de ce que vous craignez. Le changement ? Oui. Vous y aviez déjà pensé ? Vous êtes-vous déjà demandé pourquoi les maîtres qui ont vécu sur cette terre ont été aimés et désirés à ce point ? Réalisez cette maîtrise et vous verrez que ceux ct celles que vous aimez et admirez se rapprocheront encore davantage de vous !

> *– Il semble y avoir beaucoup de confusion au sujet du Treillis cosmique. Pourriez-vous nous aider à mieux le comprendre ?*

Nous désirons vous parler d'un type d'énergie spécifique. Certains la prendront pour un objet, mais il s'agit plutôt d'un phénomène. Bien qu'elle soit partout présente autour de vous, elle est si mystérieuse que très peu la connaissent. C'est la pièce énergétique manquante que vous cherchez depuis longtemps. C'est l'énergie de l'amour, de l'esprit. C'est l'énergie de l'univers, que nous appelons le Treillis cosmique. Je vais livrer l'information à mon partenaire soigneusement et lentement afin que vous compreniez bien de quoi il s'agit. Avant la fin de cette rencontre, vous verrez à quel point elle vous concerne.

Très souvent, dans l'enseignement de Kryeon, nous commençons par les grandes lignes et nous entrons ensuite dans les détails, afin de vous fournir une vue d'ensemble et de vous faire comprendre comment le cœur humain est affecté. Le Treillis cosmique est *le dénominateur commun de la source énergétique unifiée de l'univers*. En d'autres mots, toutes choses émanent de lui. Comme il est difficile de tout expliquer en même temps, nous vous révélerons aujourd'hui une par une ses nombreuses caractéristiques. Le Treillis cosmique est présent partout dans l'univers. Tout ce qui est visible ou invisible le contient. Il est présent dans les plus infimes particules comme dans le brouillard électronique. Ceux d'entre vous qui connaissent la physique en reconnaîtront le principe, ce qui leur donnera une idée de la nature réelle du treillis.

La taille

Commençons par sa taille. C'est tout à fait approprié avant d'en expliquer la nature et le fonctionnement. Le Treillis cosmique est *la plus grande énergie concevable*. Il englobe l'univers entier et davantage. Il est présent partout. Aucun endroit, dans quelque dimension que ce soit, n'en est dépourvu. Il est en quelque sorte *la conscience de Dieu*, mais il est physique et énergétique, et il contient *l'amour*. Par conséquent, il englobe l'univers entier dans toutes ses dimensions. Pouvez-vous imaginer quelque chose de plus grand ? Aussi loin que s'étendent les cieux et aussi loin qu'un astronome peut photographier la lumière, le Treillis cosmique est présent. Sa conscience est unique. La distance n'est rien pour lui et c'est ici, très cher partenaire, que cela devient difficile à expliquer.

Imaginez un instant que votre main est plus grosse que l'univers et qu'en s'étirant elle peut contenir dans une petite boule toute la matière existante. Vous êtes donc immense ! Vous possédez les dimensions de Dieu ! À l'intérieur de cette boule que vous tenez dans la main se trouvent des milliards d'étoiles et des distances énormes qui semblent insurmontables aux entités qui y vivent. À l'intérieur de cette boule qui est l'univers, il faudrait apparemment une éternité à une entité quelconque pour se rendre d'un bout à l'autre, et pourtant cette boule repose facilement dans votre main ! Le Treillis cosmique est ainsi. Il n'y a pas de distance insurmontable entre votre pouce et l'un de vos doigts, et la conscience de votre main est unique. La structure cellulaire est unitaire, entrelacée avec une conscience qui réagit dans l'unicité. À l'intérieur de cette boule qui pourrait s'appeler l'univers et qui est dans votre main, il semble y avoir des milliards d'années-lumière à conquérir par le voyage dans l'espace-temps, mais il n'en est pas ainsi. Tout ce qui est là, ces milliards d'étoiles, se situe dans votre « présent ».

Vous avez donc là une idée de la taille de cette énergie, mais aussi de *l'unification* du Treillis cosmique. Sa partie la plus éloignée sait exactement ce que fait sa partie présente ici dans cette salle. La partie qui est entre les cellules de votre corps et que nous appelons l'amour sait ce qui se passe à onze milliards d'années-lumière de distance ! Le Treillis cosmique est intemporel, ce dont nous parlerons dans un instant.

La forme – l'ordre – la luminance

La première caractéristique du Treillis cosmique est donc sa taille et celle-ci est immense. Il s'agit de la plus grande énergie existante. Parlons maintenant de sa forme, et cela, très cher partenaire, est encore plus difficile à expliquer. *Il ne s'agit pas d'une grille*. Le Treillis cosmique est toutefois *symétrique*. Si sa forme pouvait vous être révélée, vous en seriez stupéfaits, car vous y découvririez la réelle nature du temps humain. Il existe déjà des preuves de l'existence du Treillis cosmique et nous vous dirons comment les découvrir. Vos astronomes observent l'espace depuis la Terre comme s'ils étaient borgnes. Ils n'ont pas encore une vue stéréoscopique claire de ce qui entoure votre planète. Leur vision est monoculaire et n'a aucune perception profonde de ce qui vous entoure tous. Par conséquent, vous n'avez pu voir les *cordes d'obscurité*. C'est l'une des caractéristiques du Treillis cosmique qu'il vous est possible d'observer en tout temps, le mot « obscurité » étant interprété ici par mon partenaire au sens d'« absence de lumière », sans aucune connotation spirituelle. C'est comme si vous regardiez un ciel nocturne étoilé et que vous y aperceviez clairement d'étroites « autoroutes » de néant entre les amas d'étoiles.

Il y a quelques années, nous vous avons dit que le big-bang n'avait pas eu lieu. Nous vous avons expliqué qu'il était insensé qu'un univers naisse d'un point central sans même se disperser également. Nous vous avons dit aussi que l'agglutination des corps célestes était la preuve qu'il n'y avait pas eu de point explosif originel. Nous allons cette fois vous en apprendre davantage. Un jour viendra où vous pourrez « voir » au télescope des choses très différentes en des endroits plus éloignés. Même d'une autre planète, en regardant l'univers avec une vision stéréoscopique tout comme vous regardez le monde avec vos deux yeux, vous finirez par voir une image tridimensionnelle. Vous apercevrez alors des autoroutes d'obscurité entre les amas stellaires. Ces lignes droites obscures seront évidentes, conférant à l'univers une *direction* – une symétrie – qui vous posera une énigme, celle d'autoroutes de néant entre les amas. Cela arrivera, vous verrez.

Le Treillis cosmique ne comporte pas de lumière visible même s'il est l'essence de la lumière. Son énergie est dans un équilibre *nul*, ce que nous vous expliquons à l'instant. La polarité de ses plus puissants attributs est équilibrée à zéro. L'énergie nulle possède un pouvoir fantastique, mais, à l'état latent, elle semble nulle en raison de l'équilibre zéro. C'est quand on déséquilibre la polarité que le pouvoir se libère. Vos astronomes ont observé l'univers en mesurant l'énergie de leur façon habituelle. Ils ont remarqué avec une certaine frustration que le cosmos renferme beaucoup moins de matière et de lumière que la quantité d'énergie qu'ils ont mesurée ! Il s'agit là d'une situation connue de vos scientifiques.

Demandez-leur pourquoi il en est ainsi et ils feront toutes sortes de suppositions, dont l'existence hypothétique de la «matière sombre». Chers humains, ce qu'ils voient, c'est de l'*énergie nulle*. Ils mesurent en réalité le Treillis cosmique. Son énergie est présente partout. Quand j'aurai terminé ce message, vous saurez ce qui déclenche cette énergie et comment elle est utilisée. Vous saurez en outre comment elle réagit aux autres énergies et pourquoi elle existe.

Comme je l'ai mentionné, cette incroyable énergie active paraît fournir, sous sa forme nulle, une mesure zéro, et pourtant ce Treillis est puissant en tous les points de tous les secteurs de l'univers. Nous avons évoqué sa présence dans les infimes particules atomiques. Quand nous vous avons fourni la formule pour évaluer la distance entre les éléments du brouillard électronique et le noyau de l'atome, nous parlions de l'interaction énergétique du Treillis cosmique. Quand nous vous avons parlé de l'activité des rayons gamma à onze milliards d'années-lumière, nous parlions du Treillis cosmique. Du macrocosme au microcosme, cette source d'énergie est aussi immense qu'inerte. C'est uniquement quand elle est déstabilisée d'une façon précise qu'elle s'active. Le Treillis cosmique est le dénominateur commun et le stabilisateur de toute énergie et de toute matière. Lorsque les physiciens le sauront, bien des choses se dévoileront à tous les humains, non seulement en communication, et vous acquerrez tous un pouvoir illimité sur tous les plans !

La vitesse du temps

Parlons maintenant de l'énergie du treillis. Elle réagit au temps. Voici un autre fait sur lequel vos scientifiques devront se pencher : lorsque vous trouverez dans l'univers un phénomène ayant un potentiel d'altération temporelle, observez-en les courbures énergétiques. Tout ce qui existe dans l'univers semble tournoyer, n'est-ce pas? Selon les lois de la physique, certaines particules qui s'échappent du tournoiement devraient se situer à angle droit avec celui-ci. Elles devraient lui être perpendiculaires. C'est de la physique normale. Observez cependant les particules qui ne le sont pas! Ce sont celles-là qui s'alignent sur la symétrie du Treillis cosmique. Ce sont celles-là qui «indiquent» l'énergie du treillis. Il est question ici de phénomènes comme les trous noirs vomissants et d'autres phénomènes semblables de l'univers qui semblent déverser une énorme énergie dans un courant. Examinez ces courants qui se dirigent dans une même direction, mais sans nécessairement s'aligner sur le tournoiement de l'objet qui les crée (comme vous pourriez vous y attendre). Vos scientifiques se demanderont pourquoi une telle chose existe et ils finiront par supposer l'existence d'une autre force aligneuse, comme un aimant cosmique géant. Ils verront en fait l'énergie se plier à la symétrie du Treillis cosmique.

Vous savez déjà que le temps est relatif. Vos scientifiques vous l'ont dit, et nous affirmons que ce fait particulier jouera un grand rôle dans la connaissance des attributs du Treillis cosmique. Chers humains, la spiritualité qui existe sur cette planète est liée au treillis. Le cadre temporel que vous occupez à présent finira par changer (comme nous l'avons révélé dans des messages antérieurs), mais il reste associé au Treillis cosmique. Nous vous avons déclaré que l'énergie de ce dénominateur commun cosmique était associée au temps et nous ajoutons aujourd'hui que le temps change aussi pour vous. Que pensez-vous que cela signifie? Voici: le Treillis cosmique réagit à la conscience humaine! Tout est possible en ce moment sur cette planète avec l'intention des humains, car vous avez littéralement le contrôle du treillis, qui est universel. Encore une fois, nous vous le répétons, le treillis connaît votre nom de l'autre côté de l'univers! Nous vous avons dit que votre conscience avait élevé la vibration de cette planète. En fait, cette conscience a « tiré » sur le treillis pour permettre à la Terre d'entreprendre un changement temporel, lequel sera relatif pour vous, mais évident pour d'autres (en dehors de la planète). Par conséquent, vous ne verrez ni ne sentirez peut-être rien d'inhabituel, mais vous finirez par vous apercevoir que certains corps célestes paraissent ralentir. Ce sera l'indice que vous vous déplacez (ou vibrez) dans un autre cadre temporel. Nous vous en avons fourni l'explication physique par le passé et nous vous en révélons aujourd'hui la véritable raison mécanique : le Treillis cosmique est en train de faire le travail. Par conséquent, votre conscience a modifié la physique de votre propre réalité.

Oh ! chers humains, écoutez-moi avec attention. Plusieurs d'entre vous sont déjà conscients que la vitesse de communication entre humains semble surpasser toute vitesse connue. Les vrais jumeaux, les « flammes jumelles », les âmes sœurs ont parfois une communication mutuelle instantanée alors qu'ils sont à une énorme distance l'un de l'autre. Voilà un fait corroboré par des témoins. Si l'un des jumeaux est anxieux, l'autre le ressent instantanément ! S'ils se téléphonent et qu'ils se demandent ce qui vient de se passer, ils se rendent compte tous les deux qu'ils ont ressenti la même chose exactement au même moment. Quelle conclusion en tirez-vous par rapport à votre conception du temps ? Quant au pouvoir de la conscience humaine de transcender l'espace et le temps ? Voici ce qui rend la chose possible : le mécanisme du Treillis cosmique. Il vous relie instantanément. Il constitue votre source d'alimentation spirituelle et c'est également là une réalité physique.

Si nous pouvions à l'instant transporter un humain de l'autre côté de l'univers connu, c'est-à-dire incroyablement loin, une distance inimaginable pour vous, sachez que le treillis permettrait une communication instantanée avec cet humain, quelle que soit la distance! Longtemps après la fin de ce message, certains d'entre vous vont rassembler ces diverses pièces d'information et comprendront alors pourquoi certaines choses sont comme elles sont dans le domaine de la physique. L'énergie du treillis est sans lumière uniquement parce qu'elle est dans un temps nul. Une énergie nulle et un temps nul.

Nous avons parlé du temps *présent*, un point interdimensionnel où se trouve l'Esprit et où tous les événements passés ainsi que toutes les potentialités futures existent ensemble. C'est le temps *présent*. Le Treillis n'est pas dans le temps *présent*, mais dans le temps *nul*. Le temps *nul*, chers humains, est un temps égal à zéro, tandis que le temps *présent* possède un mouvement circulaire. Le Treillis cosmique est sans cesse dans un état d'équilibre où il est potentiellement prêt à recevoir un apport pour libérer de l'énergie. Chers humains, cet apport est offert à la conscience humaine, pour laquelle tout temps est toujours immobile, même s'il existe plusieurs cadres temporels dans son énergie. C'est pourquoi, quel que soit le cadre temporel de votre réalité, la communication est instantanée entre toutes les entités qui connaissent l'existence du treillis. Il s'agit d'un concept difficile à comprendre pour vous puisque vous ne croyez même pas encore à la présence de plusieurs cadres temporels quand vous observez avec vos instruments des phénomènes physiques «impossibles» dans le cosmos (comme nous l'avons affirmé dans des messages précédents). Le temps est comme l'air que vous respirez. Vous subissez des tempêtes incroyables, avec des vents soufflant dans plusieurs directions et à diverses vitesses, et pourtant vous respirez doucement et normalement, même au milieu de la tourmente. Par conséquent, l'air que vous respirez est théoriquement au repos dans vos poumons même si l'air ambiant est tumultueux. Il en est de même du Treillis cosmique.

Chers humains, le Treillis cosmique est ce qui permet le mécanisme de la cocréation, des synchronies et de l'amour. Il sous-tend la mécanique des miracles. Il réagit à la conscience. Nous commençons à apercevoir ici l'interrelation universelle.

Le Treillis cosmique n'est pas Dieu! Mais, comme nous l'avons déjà dit, Dieu (l'Esprit) utilise les lois physiques naturelles pour le mécanisme des miracles. Certains d'entre vous veulent séparer Dieu et la physique. Ils disent : «Ne mêlez pas Dieu à la science. Ne nous enlevez pas la magie.» Nous leur répondons ceci : «Ce mode de pensée sera bientôt désuet. Lorsque vous découvrirez enfin les mécanismes physiques de l'Esprit, sa magnificence ne sera aucunement diminuée. Depuis maintenant huit ans, nous vous disons que l'élégance divine réside dans les cellules mêmes de votre corps!» Dieu se sert de l'énergie physique du cosmos tout comme vous êtes invités à le faire. La connaissance de la physique de l'Esprit n'élimine pas l'amour! Elle confère plutôt à toutes choses une belle logique et une magnifique symétrie. Ce sera plus clair pour vous lorsque votre taux vibratoire vous permettra de recourir à l'énergie du treillis. Celui-ci n'est donc pas Dieu. C'est l'un des plus puissants instruments de l'Esprit qui soient, celui de votre magie inexplicable, un outil divin. Cela vous déçoit-il que l'Esprit emploie les lois physiques qu'il a créées pour faire fonctionner le monde? Pourquoi créer des outils et ensuite les ignorer? Ce serait absurde. Voilà comment l'Esprit fonctionne dans le cosmos.

Ce n'est pas tout. Le Treillis cosmique réagit maintenant à votre planète comme il ne l'a jamais fait auparavant. De l'énergie est créée et le temps est modifié, tout cela par l'intention humaine. Il n'y a pas de plus grand pouvoir dans l'univers que celui de l'intention humaine et de l'amour. Nous n'avons cessé de vous le répéter depuis la venue de Kryeon.

Ce soir, enfin, nous en sommes arrivés à la physique de l'amour !

Chers humains, comprenez-vous maintenant que la force de l'intention n'est pas une énergie mystérieuse voyageant dans l'éther et manifestant l'objet d'un désir ou d'un besoin ? Voyez-vous qu'il s'agit d'un mécanisme de physique et d'amour fonctionnant dans la symétrie et dans la conscience ? Vous saisissez maintenant POURQUOI les animateurs énergétiques du nouvel âge peuvent accomplir tellement de prodiges ! Ils puisent dans le Treillis cosmique. Ce n'est plus un mystère. Un jour, ce sera une véritable science. Une science divine et universelle.

Je ne serai pas la seule entité spirituelle à présenter ce principe, auquel on donnera plusieurs noms différents. Il est la source d'un formidable pouvoir, d'un véritable pouvoir physique, que vous utiliserez pour voyager et pour subsister. Les ressources énergétiques de votre planète sont limitées. Par contre, il n'y a pas d'énergie plus propre que celle du treillis. C'est un principe physique connu par les êtres éclairés qui voyagent partout dans le cosmos. En fait, ces êtres « chevauchent » les cordes du treillis.

Les extraterrestres

Parlons cette fois de certains extraterrestres sous l'angle du Treillis cosmique. Il existe sur cette planète, et près et autour de celle-ci, un groupe d'êtres extrêmement curieux à votre sujet. Ils vous font signe et vous kidnappent. Voici la grande raison de leur curiosité : vous, chers humains, grâce au « fragment de Dieu » qui se trouve en chacun de vous (dans votre dualité), êtes capables de communiquer avec le Treillis cosmique. Ces visiteurs le voient clairement, car c'est leur source d'énergie ! Ils veulent donc savoir quel genre de créature vit sur cette petite planète, seulement sur celle-ci, et possède ce pouvoir! Chers humains, vous comprendrez pourquoi ils n'atterrissent pas au grand jour pour vous interroger à ce sujet. Ils savent que vous ignorez votre pouvoir. De plus, ce pouvoir est si grand que quelques-uns d'entre vous seulement pourraient, par l'intention, les vaporiser (s'ils savaient comment le faire). Vous êtes tous assez puissants pour cela. Dès lors, ils vous enferment dans la peur, un individu à la fois, car ils respectent votre pouvoir et le veulent. Ils sont démesurément curieux de savoir comment vous faites pour vous y brancher. La peur fait disparaître en vous la joie et la créativité, qui sont liées à l'intention, et cela facilite les enlèvements. Nous vous avons déjà dit que vous ne deviez pas craindre ces créatures. Si elles viennent à vous, il vous suffit de les regarder en leur disant que vous ne leur donnez pas la permission d'être ici. Croyez-moi, chers humains, elles s'en iront aussitôt, car vous détenez le pouvoir de l'intention, lequel est relié à la source de pouvoir universel qu'est le Treillis cosmique, et elles le savent! Le plus drôle, c'est que vous ne le savez pas!

La maison de la joie

Vous et moi allons construire une maison. Nous vous avons parlé du pouvoir humain et, dans des messages antérieurs, de la paix humaine. Nous vous avons entretenus de l'amour et de l'honneur. Nous vous avons parlé de tellement de choses jusqu'ici, et notre connexion mutuelle par le cœur est tellement forte! Nous pouvons parler de science, mais nous en reviendrons toujours au cœur humain. La connexion au Treillis cosmique est une connexion de joie, chers humains. Le saviez-vous? Voilà de quoi nous allons vous entretenir ici. Vous pourriez penser qu'il n'y a pas de lien, mais ce sera en fait un résumé de notre révélation sur le Treillis cosmique.

Les fondations

Établissons d'abord les fondations de cette maison de la joie. Toute construction requiert des fondations, et celles de la maison de la joie résident dans l'estime de soi. Si vous n'en avez jamais ressenti le moindrement, sachez que cette planète du libre arbitre fut conçue et construite pour que des entités qui sont des fragments de Dieu y vivent! C'est le seul endroit de l'univers qui est ainsi en apprentissage du libre choix. Votre test consiste donc à vous «rappeler» qui vous êtes réellement. Évidemment, d'autres planètes comportent des entités capables de parler au Treillis cosmique, mais la Terre est particulière, car vous êtes capables d'utiliser personnellement le treillis et vous savez maintenant pourquoi. Il faut vous en féliciter!

Cette maison de la joie que nous construisons ensemble possède des fondations d'estime de soi et nous devons vous dire que vous ne pourrez pas connaître la joie tant que vous ne comprendrez pas la valeur de votre présence sur cette planète. Vous méritez d'être ici! Vous faites partie des rares entités reliées à cette force cosmique. Comprenez-vous à présent ce que signifie l'expression «connexion d'amour»? Quelle que soit la distance à laquelle ils se trouvent dans l'univers, tous ceux qui sont connectés au treillis savent qui vous êtes. Ils savent que vous faites partie d'un plan grandiose. Chaque point de lumière que vous apercevez dans le ciel fonctionne avec cette même énergie qui vous est disponible par l'intention et par l'estime de soi. Pensez-y la prochaine fois que vous les regarderez tous. Plusieurs connaissent votre nom! Il existe une conscience qui imprègne tout et que vous finirez par reconnaître. Cela devrait vous procurer un peu d'estime de soi! L'ange qui vous habite la possède. Il est magnifique et il a un but. Au niveau cellulaire, vous savez pourquoi vous êtes ici. Gardez la tête haute et comprenez que l'estime de soi est le début de la joie.

Les murs

Parlons maintenant des murs de cette maison de la joie que nous construisons. Symboliquement, ils soutiendront tout. Ils soutiendront le toit qui vous abritera. Ils vous protégeront des éléments. De plus, chers humains, ils seront construits jour après jour par votre langage. Nous vous affirmons ici la même chose qu'aux autres groupes qui vous ont précédés : en allant d'un endroit à un autre, observez ce que vous verbalisez. Demandez-vous si les idées que vous émettez sont les paroles parfaites d'un être humain dont l'intention est pure. Si ce n'est pas le cas, vous avez peut-être une habitude de verbalisation négative. Dites-vous des choses comme celle-ci devant une difficulté : « Oh ! je savais bien que ça arriverait ! » Exprimez-vous des pensées inappropriées au sujet des autres ? Est-ce bien là la maison que vous désirez construire ? Vos paroles sont-elles inspirantes ? Véhiculent-elles des pensées positives porteuses de guérison, ou bien ne construisent-elles rien du tout ? Il s'agit ici des murs, chers humains. S'ils ne sont pas purs et érigés avec soin, la maison ne tiendra jamais sur ses fondations. Pratiquez l'expression de la vérité positive et inspirante. Créez vos murs au moyen de votre voix. Faites de votre verbalisation votre réalité.

Le mortier

Parlons cette fois du mortier. Au sens figuré, il s'agit de la substance adhésive qui colle les choses ensemble. Il y en aura partout dans votre maison : dans les fondations, dans les murs que vous aurez verbalisés, dans le plafond, dans les fenêtres et dans la porte. Le mortier est partout et vous ne devinerez jamais quel attribut humain nous lui conférons : l'humour ! Il y a tellement de croyants sur cette planète qui ont peur de sourire. Ils disent : « Dieu est sérieux. L'Esprit n'entend pas à

rire en ce moment sacré.» Chers humains, je vous dis que le
rire que nous entendons chez les humains est sacré. Comme
mon partenaire l'a affirmé plus tôt [au cours du séminaire de
la journée], c'est «le seul attribut qui reste intact en traversant
le voile quand on passe de l'humain à l'Esprit». L'humour! Le
rire! Vous savez ce que vous ressentez lorsque vous riez?
Quand vous riez dans l'amour de l'Esprit, vous connaissez la
joie! Il n'y a pas de sentiment plus élevé et vous devriez en
être ému. Commencez votre prochaine méditation en riant,
en réalisant que nous partageons tous ce merveilleux mortier.
Livrez-vous-y de bon cœur. Observez l'énergie de l'humour.
Le fou rire est chose sacrée. Absolument! C'est le mortier de
la maison de la joie.

Les fenêtres

Parlons maintenant des fenêtres de cette maison très spéciale. Symboliquement, chers humains, elles sont ce par quoi
vous regardez le monde. Elles sont aussi ce par quoi le monde
vous regarde. Elles s'avèrent nécessaires. Quel est l'attribut
humain qui peut créer les fenêtres de la maison de la joie?
C'est la connexion au Treillis cosmique, que nous avons appelée le *Manteau de Dieu* ou, dans votre langage, la sagesse. La
sagesse de l'Esprit est la connexion au treillis, car elle comporte l'amour. Lorsque vous prenez la main de Dieu et que
vous entrez en partenariat avec lui dans cette nouvelle énergie, vous recevez la sagesse du Manteau de l'Esprit qui vous
permet de regarder le monde sagement, de réagir lentement
quand on vous accuse. La sagesse permet la patience et la paix
d'une attitude douce et tranquille. C'est le Manteau de
l'Esprit et la connexion au Treillis cosmique qui vous permettent de vous maîtriser quand il serait facile de rabaisser quelqu'un et de vous sentir important en le faisant. Quand le
monde regardera par votre fenêtre, il y verra la sagesse de

Dieu. Vous m'entendez bien ? La sagesse ! Elle est offerte à chacun de vous qui est présent ici (ou qui lit ces lignes) et elle crée la paix dans une existence qui, autrement, serait troublée. Voilà où réside la joie ! Voilà le miracle de la maison que vous avez construite. Inspirez profondément et laissez la joie vous pénétrer. Sachez que chacun de vous est un fragment sacré de Dieu dans ce lieu sacré, avec une énergie infinie reliée au Treillis cosmique.

La porte

Et maintenant le dernier élément : la porte. Symboliquement, comment entrerez-vous dans la maison de la joie après l'avoir construite ? Même avec l'estime de soi, avec l'humour, avec une bonne verbalisation et la sagesse, vous devez entrer dans la maison maintenant qu'elle est construite et découvrir ce qui se trouve à l'intérieur. Le plus grand pouvoir qui existe sur cette planète et dans l'univers est l'intention humaine. C'est elle qui ouvrira la porte de la maison de la joie. Quelle sera donc la première intention qui vous fera franchir le seuil de ce lieu où vous pourrez être joyeux et rire en paix avec vous-même ? Celle de faire entrer l'amour dans votre vie. Vous inviterez ainsi le Treillis cosmique ! Vous inviterez le pouvoir qui dépasse tous les pouvoirs !

Votre maison est terminée. « Mais le toit ? » demanderez-vous. Non. La joie est illimitée et ne peut jamais avoir de couvercle. L'absence de toit sur la maison de la joie symbolise la connexion ouverte à Dieu, le débordement du pouvoir de la joie. Tel est l'amour divin.

Chers humains, chacun de vous porte une lumière que voit clairement chaque entité qui habite l'univers. Certaines entités sont tellement loin que vous ne pouvez même pas concevoir qu'elles perçoivent votre lumière. Elles savent cependant ce qui se passe ici et se préparent aux changements que vous instaurerez. Elles vous envoient de l'amour instantanément. Votre tâche sur cette planète est universelle et elle n'a pas grand-chose à voir avec la Terre. Le saviez-vous ? C'est que ce qui se passe ici nous ébranle tous, même Kryeon.

Il n'est donc pas étonnant que nous vous aimions autant et que nous venions nous asseoir à vos pieds. Il n'est pas étonnant que nous soyons émerveillés par la levée du voile qui nous permet de vous livrer cette information. Sachez que les physiciens connaissent déjà partiellement le treillis. Ceux qui s'aperçoivent que la conscience influence leurs expériences savent qu'il y a autre chose à découvrir. Vous verrez. Nous pourrions vous en dire bien plus, mais, pour l'instant, nous voulons seulement nous asseoir à vos pieds et vous aimer.

> *– Je m'interroge sur un effet appelé reconnexion magnétique. D'après la science actuelle, les lignes de force se reconnectent aux polarités des champs magnétiques après en avoir été séparées par attraction, ce qui me semble inexact. J'ai plutôt l'impression qu'une reconnexion magnétique crée une boucle circulaire polarisée et qu'ensuite le champ s'effondre sur lui-même en devenant interdimensionnel. Les énergies terminales des lignes polarisées des champs magnétiques se reconnectent alors, mais, après la « disparition » d'une partie de l'énergie, on observe également des particules énergétiques filant à la vitesse de la lumière. Je ne crois pas que ces particules soient repoussées. Je pense qu'elles sont plutôt attirées comme un effet de l'effondrement des champs.*

Votre théorie est très proche de la physique actuelle. Le magnétisme est réellement un moteur de force. Il constitue en effet un cercle, ce qui fournit l'énergie continue que

vous voyez à l'intérieur d'un champ magnétique. Les lignes
de force invisibles qui semblent se déconnecter et se recon-
necter sont dans un état quantique, lequel requiert que
l'énergie voyage beaucoup plus rapidement que la lumière
et qu'elle se reconnecte instantanément, quelle que soit la
distance. Quand elle devient interdimensionnelle, elle est
dans un état enchevêtré et elle n'est déconnectée que dans
la perception de l'observateur tridimensionnel. La gravité
possède certains de ces mêmes attributs, car elle est également un « moteur ».

Poursuivez votre réflexion, car vous êtes sur la bonne voie.
L'interdimensionnalité étant un concept très difficile à repré-
senter rationnellement, pensez plutôt au paradigme des lignes
droites ou des motifs d'influences de force. C'est là tout ce
que vous voyez de l'action du magnétisme dans la tridimensionnalité

> – *Ma première question porte sur l'eau oxygénée stabilisée.*
> *A-t-elle une autre valeur que celle de l'argent qu'elle rap-*
> *porte à ceux qui en vendent ? Est-ce une bonne idée d'équili-*
> *brer le pH de notre eau avant de la boire ? Quelle est la*
> *meilleure eau sur le marché ?*
>
> *Ma deuxième question : l'équilibrage du pH comporte-t-*
> *il réellement tous les avantages qu'on lui attribue ? Je ne sais*
> *vraiment plus quels aliments manger. Pourriez-vous nous*
> *éclairer là-dessus ?*

Mes explications seront très logiques, mais elles ne
constitueront pas une réponse simple. Il y a quelques années,
nous vous avons dit que vous disposeriez plus tard de beaucoup plus de types d'eau qu'auparavant. Pourquoi ? Parce
que vos travailleurs de la santé comprendraient alors l'importance pour vous de cette denrée de base et que les « secrets » de l'équilibre biologique seraient découverts

progressivement. Nous vous avons dit aussi que vos notions antérieures sur vos besoins nutritionnels vous apparaîtraient comme un savoir moyenâgeux. Autrement dit, vous alliez vous demander comment vous aviez pu croire que c'était bon pour vous.

Tout cela est aujourd'hui à votre portée. Plusieurs eaux vous sont offertes et vous vous demandez laquelle est bonne. Et si elles l'étaient toutes ? Pourquoi désirez-vous limiter vos options à une seule ? L'eau au pH équilibré est en effet controversée, mais elle sera validée avec le temps par la santé des individus qui en boivent. Pour l'instant, le processus n'est pas encore parfaitement compris, puisque votre industrie de la santé n'accorde toujours aucune crédibilité à la structure intelligente du corps. Ce dernier n'est pas simplement une machine à réactions chimiques. C'est une machine créatrice qui fait appel à des processus dépassant la chimie, modifiant les parties de votre ADN qui parlent à la structure cellulaire, et créant de nouveaux paradigmes pour votre réalité, des caractéristiques immunitaires et des facteurs de longévité que vous n'avez pas encore découverts.

Certains profitent-ils de cet engouement pour faire de l'argent ? Bien sûr. Que faire alors ? La réponse est évidente : testez des échantillons et décidez par vous-même. Ne vous laissez pas guider par l'opinion ou l'expérience des autres, car plusieurs de ces nouveaux produits ne conviennent pas à tous. Ils auront plus d'effets sur certains individus que sur d'autres. Nous vous l'avons déjà dit il y a plusieurs années. Oubliez l'idée que tous les organismes sont semblables et qu'un même remède exerce le même effet sur tout le monde. Ce n'est pas le cas. Vous verrez l'individualité prendre davantage d'importance en médecine et dans le secteur des produits de santé.

Il en sera de même pour la nourriture et vous ferez également ment plusieurs découvertes dans ce domaine. Nous vous avons déjà livré toute l'information nécessaire à ce sujet. Par-dessus tout, sachez que votre conscience a le pouvoir de modifier l'eau et la nourriture. Vous pouvez équilibrer les deux de façon à subvenir à tous vos besoins. Vous pouvez même modifier la matière et faire en sorte que des aliments ou une eau qui rendraient malade quelqu'un d'autre vous soient bénéfiques. C'est ce que découvriront ceux et celles qui se donneront la peine d'examiner la question.

Accueillez donc la nourriture sans inquiétude. Modifiez-la pour qu'elle corresponde à votre structure biologique. Il s'agit là d'une très vieille information spirituelle qui s'est perdue avec l'avènement de la civilisation moderne.

CINQUIÈME PARTIE

Règne animal et environnement

Règne animal et environnement

– Qu'arrive-t-il aux animaux (comme les chiens et les chats) quand ils meurent? Ont-ils un après-vie? Se réincarnent-ils aussi? Est-ce qu'ils évoluent?

Vous parlez en particulier des animaux de compagnie, dont le rôle est d'aider l'humanité. Sous cet aspect, ce sont des travailleurs et ils se réincarnent dans le même groupe. Ce sont des entités qui ne sont pas nécessairement destinées à «évoluer» vers l'humain, pas plus que Kryeon n'est destiné à «évoluer» vers une autre forme. Certains d'entre nous sont des travailleurs universels divins et nous avons tous une apparence très différente pour vous dans votre réalité, mais très bien comprise et considérée comme appropriée de ce côté-ci du voile. Nous vous l'avons déjà dit: nous avons tous des tâches diverses, mais nous ne sommes pas compartimentés. La «soupe» divine renferme plusieurs saveurs, mais elle est toujours «la soupe». Considérez donc la question des animaux comme une partie de la saveur de Dieu.

Voici un conseil aux humains qui ont perdu des animaux (puisque ceux-ci ne vivent pas très longtemps). Quand vous perdez un animal qui vous a donné inconditionnellement toute son existence pour vous aider, vous êtes naturellement triste. Cependant, réjouissez-vous, car ces animaux se réincarnent! Non seulement ils se réincarnent, mais ils le font dans le même lieu où ils sont morts, afin que vous puissiez les retrouver!

Voici la règle à suivre pour retrouver la même énergie «animique»: attendez trois mois. Ne présumez pas que l'animal sera de la même race ou de la même taille. En fait, ne présumez même pas qu'il s'agira du même type d'animal. Il est très fréquent que les chats et les chiens passent d'un type à l'autre, simplement pour maintenir l'équilibre.

Regardez-les dans les yeux quand vous croirez les retrouver, et ne considérez rien d'autre. Ils se révéleront alors à vous. Donnez-leur le nom que vous désirez. Ils ne sont attachés à rien d'autre qu'à votre énergie. Si vous ne les retrouvez pas, n'y voyez rien de négatif. Ce n'est qu'une possibilité. Ils continueront d'aimer l'humanité tout autant, en aidant d'autres individus comme ils vous ont aidé.

Les animaux que vous trouvez n'ont pas tous déjà vécu ici. Plusieurs y viennent pour la première fois, car ils se sont portés volontaires pour vous procurer de l'amour et de la paix afin que vous puissiez être un phare plus puissant.

Le but des animaux qui vivent sur la planète est de soutenir l'humanité pendant qu'elle y développe la paix. Ils sont divins également. Mais vous le saviez déjà, n'est-ce pas?

> *– Kryeon, je m'interroge sur mon sentiment envers les dauphins. J'ai l'impression qu'il me faut parfois aller vers eux, mais je ne sais pas pourquoi et je ne sais pas quoi faire quand je suis en leur présence. Veuillez m'éclairer là-dessus.*
>
> *Et pourquoi les baleines se suicident-elles massivement? S'agit-il d'une protestation contre les humains?*

En bref, les baleines sont les parties vivantes d'un véritable système de grilles! Leur être contient «l'histoire de la Terre» et c'est pour cette raison qu'elles sont sacrées. Elles coordonnent la grille cristalline de votre planète, une grille actuellement récrite, et coopèrent avec elle. Vous ne trouvez pas étrange que ces mammifères soient les seuls à être protégés contre la chasse dans plus de 90 % des pays du globe, même dans les endroits éloignés de l'océan? D'après vous, s'agit-il d'un hasard ou d'une coïncidence ? Bien sûr que non. L'humanité entière porte dans ses cellules l'information destinée à protéger les baleines et à les garder en sécurité. Les dauphins sont leurs cousins et leur groupe de soutien. Ils jouent un rôle dans le développement des baleines, et c'est pourquoi vous vous sentez attiré vers eux.

Les baleines ne se suicident *pas* massivement. Elles ne possèdent pas la conscience qui leur permettrait de le faire et jamais elles ne l'ont fait. Ce que vous observez, ce sont des baleines qui échouent sur des rivages et qui sont sauvées par des humains, puis qui échouent de nouveau et meurent. Cela survient surtout sur les côtes de votre continent et souvent dans des régions côtières où il y a des péninsules ou des isthmes. Cape Cod, en Amérique, en est un bon exemple. Quarante-sept baleines s'y sont échouées récemment.

En voici la raison. Les baleines, les dauphins, les amphibies, les oiseaux et même les insectes naviguent tous vers leur lieu d'accouplement chaque année au moyen de la grille magnétique de la planète ! Chaque groupe suit les repères d'influence magnétique comme si chacun de ses membres disposait d'une boussole intégrée. En fait, c'est bien le cas !

Comme nous vous l'avions prédit en 1989, la grille magnétique de cette planète a tellement changé, et si rapidement, que les baleines n'ont pas eu le temps de s'adapter à ces changements. Plusieurs suivent encore les vieux repères magnétiques de migration et se retrouvent donc sur un rivage au lieu de se retrouver en plein océan, où les conduisait auparavant cette ancienne direction magnétique. Déboussolées, elles s'alignent et essaient encore, comme elles le font depuis des années. Cette situation est temporaire. Aussi tragique qu'elle soit, elle fait partie de « l'émondage » du système. À l'avenir, les baleineaux établiront une nouvelle information instinctive pour les nouvelles baleines, en fonction des changements de la grille.

Cette information a même été validée cette année (2003) par vos scientifiques.

> *– Il y a eu une période où il y avait une grande quantité d'attaques de requins et nous croyons qu'elles étaient liées aux bouleversements planétaires. Nous ne comprenons vraiment pas pourquoi les requins sont devenus aussi agressifs. Quel message nous livrent-ils ? Pourquoi agissent-ils ainsi ?*

Des changements environnementaux et biologiques découlant des modifications apportées à la grille au cours des deux dernières décennies se produisent en effet. Laissez-moi d'abord vous expliquer ce qui s'est passé en général. À ce jour, vous voyez apparaître des mammifères marins, des amphibiens, des insectes et même des poissons dans des régions qui leur sont étrangères. Chaque forme de vie migratrice est affectée par le magnétisme. Toutes les formes de vie qui obéissent à un certain scénario alimentaire et qui « suivent leur nourriture » sont susceptibles de l'être. Cela est dû au changement des courants magnétiques terrestres, comme nous vous l'avons déjà expliqué.

Les régions où l'on peut voir le plus clairement dans l'océan sont situées à l'intérieur des schèmes migratoires les plus proches du continent. Où l'océan est en contact avec le continent, ces créatures feront face à des difficultés pour au moins une génération. Les baleines s'échouent en suivant les vieux repères magnétiques qui les « conduisent » maintenant dans la péninsule et d'autres régions terrestres qui se trouvaient auparavant en marge de leur ancienne route. Les oiseaux, les amphibiens et les insectes auront un comportement étrange pendant quelque temps encore.

Ainsi, ces requins sont peut-être plus nombreux que par le passé dans les régions côtières, mais leur comportement agressif est dû à un autre facteur, soit aux événements du 11 septembre 2001, qui ont «libéré» énormément d'énergie. Comme pour l'énergie associée aux tremblements de terre et aux autres mouvements terrestres, l'environnement «sent» venir celle-ci. Nous vous avons déjà expliqué que les événements du 11 septembre 2001 ne furent pas une surprise pour la planète. Ainsi, certains nouveaux comportements de ces poissons sont dus à une accumulation énergétique causée par des événements à venir.

Si vous êtes attentive, vous me demanderez alors ceci : «Est-ce à dire que les questions de conscience humaine affectent réellement la Terre?» Bien sûr! Vous comprenez peu à peu que la conscience planétaire est liée à l'environnement et même aux réalités physiques fondamentales. Il n'y a jamais eu de séparation. Les indigènes le savaient déjà, et maintenant le monde «moderne» commence à s'interroger.

Heureux l'être humain qui comprend que ses pensées, ses actes et ses intentions régissent la réalité physique de cette planète!

– J'ai entendu dire aux nouvelles télévisées que très peu d'animaux avaient été trouvés morts au bord de l'océan Indien après le tsunami dévastateur. On y a affirmé aussi que des éléphants avaient aidé des victimes en les sortant de l'eau au moyen de leur trompe. Pourriez-vous nous expliquer cette connexion planétaire des animaux qui les amène à pressentir le danger d'un tsunami? Et si cette information au sujet des éléphants est exacte, veuillez nous expliquer leur comportement de secouristes. Merci.

Vous avez répondu à votre question en la posant. Sans avoir un intellect aussi fort que le vôtre, les animaux sont connectés à l'énergie planétaire. Ils ont également développé des sens plus perfectionnés, particulièrement l'ouïe.

La plupart, par transmission intuitive que vous appelez l'instinct, savaient quoi faire quand ils ont «entendu» le tsunami s'en venir. N'oubliez pas que le son est une vibration dans l'air. L'énorme vague qui s'approchait, même si elle était encore invisible et inaudible, a créé une vibration dans le sol. S'approchant à une vitesse de 800 kilomètres/heure, elle a perturbé la croûte terrestre par son poids incroyable. C'est ce que les animaux ont entendu. Un instinct développé depuis des dizaines de milliers d'années les a incités à aller dans les collines.

Les éléphants ont un sens «d'appartenance à la vie» très développé. Ils pleurent leurs morts, s'unissent pour la vie, se souviennent de leurs amis pendant des années, et ils savent en effet reconnaître les humains en difficulté. Dans certaines religions, ils sont vénérés pour cette sensibilité.

Les humains n'ont pas des sens aussi développés. Ils n'en ont jamais eu. Leur cheminement évolutionnaire fut unique, à l'écart des animaux terrestres. Les individus de la première grande civilisation humaine (les Lémuriens) possédaient plutôt une perception interdimensionnelle, mais elle s'est perdue également. Vous devez aujourd'hui utiliser votre intelligence pour créer votre sécurité. C'est donc un compromis entre vous et les animaux.

Notre conseil pour la prochaine fois? Vous pouvez dépenser vos ressources pour des systèmes d'alerte si vous le désirez, mais réfléchissez un peu à ceci : pourquoi ne pas vous associer tout simplement avec les animaux? Ils vous le feront savoir si un danger s'en vient – éruption volcanique, tsunami, raz-de-marée – et si des humains sont en difficulté.

– Quelle est la nature exacte de notre relation potentielle avec le règne minéral? Comment puis-je développer ma relation avec les cristaux dans un but de guérison?

Vous aimez les pierres, n'est-ce pas ? Depuis un bon moment déjà nous vous révélons un fait physique qui, par le passé, a suscité des éclats de rire et des regards vers le plafond ! La Terre est vivante ! L'eau contient de la vie, et les pierres aussi. Il y a beaucoup de vie dans la matière, une véritable conscience, mais vous ne l'avez jamais vue, car ce n'est pas dans votre dimension immédiate.

Votre science aborde cependant les réalités interdimensionnelles et elle a reconnu l'impensable, à savoir qu'au cœur de toute matière se trouvent des forces interdimensionnelles qui la maintiennent ! Bienvenue à la « vraie » physique ! Certains de vos scientifiques se sont même mis déjà à observer la conscience de l'eau, ce qui vous conduira à de merveilleuses définitions nouvelles de la vie elle-même.

Votre relation avec toute cette vie constitue donc un partenariat. Mais vous le saviez déjà, n'est-ce pas ? Vous le ressentez. Vous « parlez » aux minéraux, et plusieurs « parlent » aux canyons et aux montagnes, aux lacs et au ciel. Quand vous vous harmonisez avec ces énergies vivantes, elles vous révèlent la « saveur » de leur raison d'être et la façon de les utiliser dans le cadre de ce partenariat.

Écoutez-moi bien : une grande énergie vous est disponible dans ces énergies vitales cachées. Une énergie qui offre une guérison individuelle ou environnementale et même des leçons de sagesse. Ce n'est pas de la « vie » comme la vôtre, mais c'est néanmoins de la vie. Aucun « test » ne lui est associé. Il s'agit plutôt d'une invitation à trouver la symbiose complète entre les humains et la matière ainsi que l'énergie nécessaire pour la déverrouiller. Quelle énergie permettra de la découvrir ? Devinez. C'est celle de l'amour. Cela vous est familier, n'est-ce pas ?

Heureux les humains qui cherchent les choses invisibles susceptibles de se révéler intuitivement, mais non encore acceptées dans la réalité de la vie. Ils seront récompensés par la connaissance et par la sagesse qu'ils acquerront, et ils deviendront les précurseurs des plus nouvelles sciences émergeant sur la planète.

– J'aimerais connaître votre point de vue sur le sujet suivant : il semble y avoir deux écoles de pensée en ce qui concerne l'utilisation des pesticides. Un groupe affirme catégoriquement qu'ils sont très dangereux et responsables de nombreux cancers et d'autres maladies (la liste est très longue !) tandis que l'autre groupe prétend qu'ils sont absolument inoffensifs dans le contexte des progrès technologiques actuels.

Les produits chimiques que vous employez aujourd'hui sont dangereux pour votre santé. Plus vous les utiliserez, plus leurs dommages seront évidents. Nous vous avons déjà indiqué de meilleures méthodes naturelles et scientifiques pour protéger vos récoltes. Servez-vous de produits biologiques. Non toxiques, ils ne feront que modifier ce qui est déjà là.

SIXIÈME PARTIE

Humanité, religions et croyances

Humanité, religions et croyances

– Une région géographique a-t-elle une influence sur les énergies d'une personne ?

Absolument ! Si vous vivez dans un endroit qui est un portail d'énergie, vous serez influencé par l'énergie de la Terre. Si vous habitez dans une région « nulle » de la grille magnétique (les pôles), vous mourrez probablement tôt. Alors, nous vous enseignons entre autres à d'abord « sentir » si la région où vous vivez correspond à votre énergie, si elle vibre selon vos besoins. Si ce n'est pas le cas, déménagez ! C'est là une logique spirituelle qui prend aussi en considération votre partenariat avec la Terre.

– Pouvez-vous nous parler de l'énergie du Canada ?

Il y a ici deux éléments de réponse : l'énergie de ce grand pays et celle de ses citoyens.

Le Canada constitue l'un des territoires les plus parfaits de la planète. Comme très peu de combats meurtriers s'y sont déroulés, il possède aussi très peu de « karma territorial ». Nous employons cette expression pour désigner les couches énergétiques qu'il vous faut traverser pour communiquer efficacement avec l'énergie de Gaia. Par conséquent, nous vous répétons qu'il est plus facile aux humains de méditer, de guérir ou d'élever leur vibration dans cet endroit. Si vous en doutez, allez le constater par vous-même. En outre, la canalisation spirituelle est plus facile dans ce pays-là que dans tous les autres.

Il existe un groupe karmique de Canadiens qui protégeront ce territoire jusqu'à la fin. Le principal attribut karmique de ce groupe, c'est que ses membres ont perdu leur territoire auparavant et qu'ils ne le perdront pas cette fois! Le Canada est plus conscient sur le plan environnemental que ne le sont la plupart des autres pays du globe et, de fait, la plus grande partie de son électricité est produite par l'eau! (Les autres pays devraient en prendre note.)

Pendant quelque temps, les Canadiens ont été pris par un problème lié au mouvement séparatiste. Nous vous l'avons déjà dit : quand les Canadiens seront véritablement unis, quelles que soient leurs différences linguistiques, leur système monétaire se «rétablira» rapidement et retrouvera sa force d'antan, et c'est ce qui se produit aujourd'hui. Sa devise demeurera stable en comparaison des autres devises terrestres. Tout cela est lié.

– Je suis une femme noire qui aime énormément vos enseignements. Il semble toutefois que les Noirs n'occupent pas une très grande place dans ces conversations. Est-ce exact et y a-t-il une raison à cela? Et cette raison est-elle d'ordre culturel, ou est-ce que je me trompe?

Si vous parlez ici des Noirs américains, vous avez raison. C'est culturel. Il y a deux raisons fondamentales pour lesquelles ils ne sont pas très présents dans les discussions métaphysiques. La première, c'est qu'aux États-Unis votre race est une minorité qui a été longtemps opprimée, ce qui a créé une très solide base de soutien spirituel. Presque à la naissance, la plupart d'entre vous se sont trouvés en présence d'un très puissant soutien ecclésiastique et spirituel doublé d'un sentiment d'appartenance et de solidarité. Très peu de groupes jouissent d'un tel soutien et d'une telle base de piété. Ainsi, spirituellement, vous ne cherchez pas tellement d'autres réponses que ce que vous avez déjà appris sur l'amour de Dieu. Cela vous suffit et c'est tout à votre honneur.

Pour ce qui est de la seconde raison, il est peut-être politiquement incorrect d'en parler dans votre culture, mais Kryeon n'appartient pas à celle-ci. Plusieurs d'entre vous sont en mode de survie en raison de leur condition de citoyens de deuxième classe, dont ils font l'expérience depuis leur naissance. Cette condition cause du désespoir, de la pauvreté et elle encourage le recours au crime chez plusieurs en raison de leur déception devant la vie et du besoin de survivre dans un système qui les défavorise. Quand des humains sont obligés de survivre dans un environnement difficile, ils n'ont ni le temps ni le désir de se livrer à l'introspection ou de s'améliorer sur le plan spirituel. Ils passent tout leur temps à tenter de surmonter les difficultés qui les assaillent, dont plusieurs relèvent de leur condition et plusieurs autres ont été créées par eux-mêmes.

Ce qui est triste, c'est que s'ils regardaient à l'intérieur d'eux-mêmes ils y trouveraient les outils qui leur permettraient de cocréer une vie qui ne serait pas une survie et ils amorceraient ainsi un processus qui leur ferait récolter les fruits de leurs efforts. Heureux ceux qui rencontrent des difficultés, comme c'est le cas de tant de minorités, mais qui ont décidé d'adopter la solution d'accroître leurs connaissances spirituelles au lieu de tenter de manipuler par la force la réalité de leur situation culturelle.

– Il me semble que le continent africain reçoit peu d'attention spirituelle alors même que l'univers est en pleine transformation en cette période d'ascension/de transition. Comment expliquez-vous cela ? Un éveil religieux lié en grande partie aux circonstances que les âmes choisissent (par exemple la pauvreté, le VIH/sida, etc.) s'est certainement produit, et cela se traduit peu à peu en spiritualité (selon ma perception).

Que pouvez-vous nous dire concernant la situation d'éveil spirituel sur le continent africain?

Très cher, cette question est peut-être la meilleure que vous puissiez poser pour votre époque. En effet, la situation africaine apparaît dichotomique dans ce tableau d'une Terre en éveil. Pour obtenir une explication complète, vous devez vous référer à l'information que nous avons présentée il y a plus de vingt ans, dans le tout premier tome (*La Graduation des temps*). Nous vous avions alors dit qu'une possibilité se dégageait de la situation et démontrait ceci : pour que votre planète continue d'évoluer au rythme qu'elle paraissait avoir adopté à l'époque, cela allait peut-être nécessiter le départ d'un pourcentage – jusqu'à un pour cent – de la population. C'était une information surprenante pour la plupart d'entre vous et quelques-uns se sont demandé comment et où cela allait se produire. Un désastre peut-être? Une comète qui entrerait en collision avec la Terre? Maintenant, comme vous le savez, des dizaines de millions d'êtres humains perdent la vie sur le continent africain depuis plusieurs années. De plus, l'espérance de vie là-bas demeurera encore assez réduite pour les années à venir. Vous verrez toute une génération passer avant qu'un vrai progrès ne devienne perceptible, mais il viendra!

Cela signifie sans aucun doute que la transition qu'on vous annonçait à l'époque se réalise bel et bien. Vous avez l'impression de la regarder se dérouler avec horreur sans pouvoir y faire quoi que ce soit. Pourtant, ce que nous avons répété maintes fois par l'entremise de ce canal, c'est que rien ne peut être plus éloigné que cela de votre réalité.

Souvenez-vous que la mort sous toutes ses formes vous est odieuse. Nous ne nous attendons donc pas à ce que vous compreniez comment une telle chose aurait pu aider l'Esprit ou la Terre; pourtant, à une échelle plus grande, cela aurait aidé.

Une génération entière d'êtres humains s'est incarnée en
sachant cela et en s'y attendant. Ces individus avaient accepté
le contrat de partir tôt. Mais vous pouvez changer cela et
tourner votre attention vers cette famille africaine pour que
ses membres se saisissent de l'opportunité d'annuler ce
contrat en entier et de rester en santé.

Le continent africain n'est pas en état d'éveil spirituel
parce que sa population est en mode de survie, pataugeant
dans un potentiel spirituel désuet. Que pouvez-vous faire ?
Visualisez un changement de scénario ! Vous venez de changer
la trame temporelle même de la Terre ; alors, vous êtes très
bien capable de changer l'énergie de cet endroit ! Visualisez
ces gens heureux et leurs familles intactes, tous nourris, sains,
avec un potentiel de vie et de joie. L'énergie que vous pouvez
développer dans ces visualisations peut complètement annuler
le scénario qui se joue là-bas. Il vous est possible de changer la
pensée des leaders, de chasser les dictateurs, d'accélérer la
capacité de la science de rejoindre ceux qu'elle doit rejoindre
et même de changer la réalité de la maladie elle-même. Nous
vous disons toutes ces choses, travailleur de la lumière,
puisque c'est ce que vous avez demandé à faire. Vos visualisations créent une lumière qui brille dans les places sombres de
la conscience ou de la science, et apportent même de l'espoir.
Vous ne comprenez toujours pas ce que votre énergie peut
accomplir ! Cela vaut-il deux minutes par jour ? Peut-être
trois ? Considérez cela quotidiennement.

En effet, bénis sont les travailleurs de la lumière non
entravés par les soucis liés à la guerre et à la mort et qui n'ont
pas constamment faim. Car ces humains ont la capacité d'utiliser leur énergie pour aider ceux qui sont prêts à s'épanouir
dans leur propre éveil spirituel, mais qui sont pour l'instant
retenus par un vieux contrat de mort et de maladie. Une poi-
gnée d'individus peuvent en aider un grand nombre et ce
grand nombre peut demeurer sur terre et aider de bien

d'autres façons. C'est ce que la famille fait pour la famille. Croyez-y!

— On parle toujours de l'Afrique comme du continent le plus sombre, presque irrécupérable. Je vis maintenant à Cape Town, en Afrique du Sud, et, de mon point de vue, ce continent représente l'avenir du monde! Nous y avons des idées qui ont une bonne longueur d'avance sur le reste du monde. Nous donnons l'exemple en ce qui concerne le racisme, le consensus, la discussion et la réflexion. Bien sûr, le taux de criminalité y est très élevé et nous sommes aussi aux prises avec le sida, mais cela ne veut pas dire qu'il est impossible pour nous d'inverser le processus. Pourquoi en restez-vous aux régions « sûres » dans vos déplacements? Veuillez m'éclairer sur ce point…

Veuillez pardonner ma réponse pacifique… Vous avez raison, l'Afrique montrera le chemin d'un nouveau paradigme planétaire. Quelque chose de remarquable se prépare, que la nouvelle génération verra se manifester. Les grandes sociétés commerciales découvriront que « la santé est profitable ». Nous vous en avons déjà parlé. Une évolution aura lieu, qui tirera profit de la conscience que vous venez de décrire, laquelle se trouve précisément en Afrique du Sud.

En ce qui a trait à votre dernière question, je présume que vous faites allusion aux voyages de mon partenaire. Pourquoi ne va-t-il pas en Afrique? Parce qu'on lui a dit de ne pas le faire. Des Sud-Africains transmettront ce message, et d'ailleurs plusieurs le font déjà. Dans certaines parties du monde, il est préférable d'entendre la vérité spirituelle de la bouche de ceux qui y ont vécu toute leur vie et qui en connaissent la culture, au lieu de l'entendre de la bouche d'un visiteur américain. Je suis Kryeon et je suis aussi en Afrique du Sud.

*– Le sol de Jérusalem est couvert depuis des temps immémo-
riaux du sang des milliers de gens qui y sont morts. Un message canalisé m'a confirmé que la Nouvelle Jérusalem était
en fait la Jérusalem physique. Si c'est le cas, je suis curieuse
de savoir pourquoi, au cours des siècles, tant de sang a été
versé sur ce sol. Pourquoi Jérusalem semble-t-elle exiger le
prix du sang, parfois même celui de simples voyageurs de
passage ? C'est très étrange, comme si ce sol avait besoin de
sang humain pour exister.*

Votre question touche à un problème très profond. Il y a
peu de chances qu'il en soit ainsi, n'est-ce pas ? Ce serait
contraire à la nature d'un lieu divin. Cela devrait suffire à
indiquer qu'il existe là une situation différente. La raison ?
Jérusalem est au cœur des plus grandes religions de la planète
(y compris l'islam). Elle est le centre de la révélation du
« Dieu unique ». C'est aussi l'endroit où l'on croit que s'amor-
ceront les conflits qui mettront fin à la civilisation en appor-
tant les tribulations de la fin du monde.

Cet endroit est imprégné du sang de tous, même de celui
que vous avez appelé le Christ. Ce portail est si puissant qu'il
déchaîne les passions humaines et conduit à la mort. (Le choix
de l'humanité réside dans ce que cette dernière fera de sa passion.) Ce n'est pas Dieu qui crée les effusions de sang, mais les
humains.

La « Nouvelle Jérusalem » contrastera tellement avec
l'ancienne que les historiens se demanderont comment un
endroit dont l'histoire est si violente peut constituer le portail de la paix terrestre. C'est en effet la potentialité qui
existe pour Jérusalem, celle d'être « un portail vers l'évolution de la planète ». Jusqu'ici, la mort n'a eu de cesse. Cette
ville possède le potentiel de devenir le modèle de « la paix
perpétuelle ». Cela peut-il vraiment arriver ? Oui. Il y faudra
du temps, mais l'énergie que la planète reçoit depuis 2008

suscitera ce changement. Vous verrez. Et les enfants y joue-
ront un rôle important.

*— Je suis convaincue que des êtres observent de très près les
événements qui se déroulent en Israël et qu'ils procurent un
soutien à ce pays. J'ai l'impression que plusieurs miracles se
sont déjà produits et que de nombreuses vies ont ainsi été
épargnées. Cependant, nous, les Israéliens, avons besoin d'être
compris davantage par le reste du monde. Les horribles événements du 11 septembre 2001 nous ont autant bouleversés
que les autres, même si nous devons également composer
depuis longtemps avec le mal, la haine et la terreur. Cela
empire de jour en jour.*

*Tellement d'innocents ont été tués jusqu'ici. Nos enne-
mis ont confié à des milliers de jeunes gens au cerveau les-
sivé la mission d'assassiner le plus grand nombre possible
des nôtres. Leur propagande ment à la face du monde :
d'un côté, ils glorifient les meurtres et la guerre continuelle,
mais de l'autre, ils se plaignent d'en être les victimes. Ils
envoient des enfants se battre contre nous et, quand certains
se font tuer ou blesser, ils en rejettent le blâme sur nous.
Comment devrions-nous réagir ? D'ici à ce que la lumière
que des gens nous envoient puisse changer la situation et
nous aider à effectuer la transition avec succès, comment
devrions-nous réagir aux assassinats perpétuels accomplis
au nom de Dieu par des « shahids » [martyrs musulmans]
qui, pour leurs actes meurtriers, « vont directement au
paradis » ? Nous devrions au moins avoir le réconfort d'être
compris.*

*Nos ennemis répandent leur propagande mensongère et
tout le monde les écoute tandis que la terreur constante avec
laquelle nous devons composer quotidiennement est ignorée
par des gens qui n'ont qu'une très vague idée des faits.
Pourquoi ai-je le sentiment que ce que nous subissons réelle-*

ment ne suscite que peu d'intérêt dans le reste du monde, mais que tellement de gens sont prompts à nous blâmer pour les troubles et la terreur existant dans d'autres pays ? J'aimerais vous entendre répondre à tout cela.

Très chère Israélienne, vous venez de jouer un accord magique sur les cordes de la nouvelle conscience. Votre description concorde avec une frustration millénaire. Ce problème « insoluble » était censé semer les graines de l'Harmagedôn, une énergie qui devait mettre fin à la Terre entière ! Ce qu'il fallait plutôt, au cours du déroulement, c'est que les autres parties du monde « voient » certaines vérités sous-jacentes au véritable combat. Comme nous l'avons affirmé, ce processus est commencé. Il est lent, mais déjà en marche. Il ne s'agit pas d'une coalition politique, mais plutôt d'information et de conscience.

Comment devriez-vous réagir en Israël ? Exactement comme vous le faites depuis mille ans : avec patience et endurance. Par ailleurs, vous bénéficiez désormais d'un phénomène nouveau : le reste de la planète sait désormais ce que c'est que d'avoir cette énergie à ses portes. Fini le temps où le monde avait le dos tourné pendant que vous combattiez vos ennemis apparents ou bien ne comprenait pas parfaitement toutes les subtilités de la situation. Aujourd'hui, les grandes puissances de la planète doivent regarder cette situation de près et examiner les vraies sources du problème.

Nous vous avons répété ce qui suit tellement de fois : « Ainsi vont les Juifs, ainsi va la Terre. » Vous comprenez maintenant pourquoi ? Ceux qui lisent ces lignes et qui ne vivent pas au Moyen-Orient comprennent-ils à présent pourquoi ? Vos problèmes sont dorénavant ceux du monde entier. Vous les partagez également avec les habitants de l'autre côté de la ville [les Palestiniens]. Aussi frustrés que vous, ils se demandent quoi faire. Pensez-vous que les mères de ce secteur désirent que leurs enfants soient nourris de haine et meurent ainsi ? Non. Comme nous l'avons expliqué, ce n'est pas une conscience de groupe qui se forme à l'heure actuelle, mais plusieurs consciences individuelles. Cela signifie que plusieurs individus au sein de ce que vous appelez «le camp ennemi» commencent à voir différemment ce problème qui, par le passé, semblait impossible à résoudre. Ce qui se produira dans le futur à l'endroit où vous vivez guidera la planète entière.

Soyez en paix avec le fait que la nouvelle énergie amènera les dirigeants ainsi que la structure à changer. Vous verrez peut-être émerger la solution de votre vivant alors que les gouvernements, les écoles et même les religions fondamentalistes comprendront peu à peu que l'énergie de la haine ne leur fournira plus les moyens de réaliser ce qu'ils désirent. La paix n'équivaudra plus à la force, une très ancienne notion prévalant depuis le début de l'humanité. Il est beaucoup plus difficile de vivre en paix pendant longtemps, ce qui requiert une sagesse qui commence à peine à apparaître. Laissez les enfants vous indiquer la voie à suivre ; vous assisterez à des changements étonnants à mesure qu'ils grandiront, des changements très différents de ceux que vous avez vus tout au long de votre vie. Même ceux qui ont été «entraînés à haïr» par les adultes de la vieille énergie s'interrogent petit à petit.

À propos, quand le prophète Mahomet parlait de martyre, il offrait ainsi de la sagesse à la conscience de ceux qui sacrifieraient leur vie sur le champ de bataille de Dieu, un champ de bataille où les guerriers combattaient pour l'unité et pour le Dieu d'Abraham ! Le paradis ne fut jamais promis à ceux qui mettraient fin volontairement à leur vie. Cette idée vient des humains, non de Dieu.

— Je suis un juif israélien et je me considère comme un travailleur de la lumière. J'essaie de concilier les croyances du

nouvel âge avec le judaïsme (je ne suis pas pratiquant) et j'ai deux questions à vous poser. Premièrement, vous avez évoqué des changements à l'intérieur des systèmes de croyances en précisant que certains vieux livres étaient devenus désuets. Voulez-vous dire que la Bible (ou la Torah) est désuète ? C'est en contradiction avec l'essence même du judaïsme... Deuxièmement, vous avez aussi parlé du besoin d'une diversité de croyances sur cette planète ainsi que du rôle distinct joué par les diverses nations. Est-ce à dire que si je suis né juif, le judaïsme est pour moi la voie spirituelle la meilleure et la plus efficace ?

Ce sont là des questions magnifiques qui méritent des réponses en profondeur. Tout d'abord, explicitons nos propos. Il existe plusieurs types de livres anciens. Certains présentent allégoriquement des leçons de l'âme sur les comportements humains tandis que d'autres sont de très beaux ouvrages de spiritualité décrivant l'état du monde et offrant des conseils pour l'améliorer. Comment distinguer ceux auxquels vous devez adhérer ? Voici le secret : tous les textes spirituels qui affirment que les humains n'ont pas la liberté de choix et que la prédestination est la règle sont désuets. Un livre où il est dit que le futur est immuable appartient à une très vieille réalité. Il fut un temps où la voie était tracée d'avance, mais ce n'est plus le cas. Tous les livres faisant état d'un asservissement humain doivent être examinés avec circonspection quant à leur pertinence pour l'époque actuelle ! Leur ton a-t-il des accents de vérité ? Certains affirment que Kryeon fait partie d'un énorme complot destiné à aveugler l'humanité par la lumière de l'amour. Cela vous semble-t-il réaliste ou serait-ce plutôt le dernier soubresaut de ceux qui tentent de vous imposer une vieille prophétie de malheur ? Ces gens traitent Kryeon de menteur et vous demandent d'accepter plutôt une philosophie de l'obscurité vous incitant à combattre, dans la peur et sans espoir, un ennemi invisible. Posez-vous cette question : « Qui donc suit un programme, finalement ? » Je vous invite à y regarder de près.

Penchons-nous maintenant sur les « anciens textes de célébration ». C'est plutôt de ceux-là que vous parlez. Établissent-ils une relation honorable entre Dieu et l'humanité ? Indiquent-ils la voie d'une vie honnête et intègre ? Enseignent-ils l'amour ? Encouragent-ils l'harmonie avec votre environnement ? Prêchent-ils l'unification ou bien la séparation ? Fournissent-ils des rituels ? Si c'est le cas, ils sont appropriés. Adhérez à la culture spirituelle qui enseigne que vous avez la liberté de choix et que vous pouvez exercer le culte que vous désirez. Adhérez si vous le voulez aux vieux enseignements qui comportent des cérémonies respectées depuis longtemps. L'Esprit aime les cérémonies ! Elles permettent la communication entre les humains et Dieu.

Aux penseurs d'avant-garde, nous disons ceci : séparez l'ancien du nouveau pour obtenir une approche spirituelle intelligente de votre réalité actuelle. Si un ouvrage merveilleux vous donne d'excellentes instructions pour communiquer avec Dieu, mais qu'il y est question de chevaux et de tentes, vous savez bien que ceux-ci ne font pas partie du message sacré. Ce ne sont là que des contingences d'époque. Suivez le courant culturel de votre temps et transposez ce message pour qu'il convienne à votre réalité présente. N'oubliez jamais ceci : l'Esprit respecte l'intention. Vous n'avez pas à pratiquer un rituel particulier pour plaire à Dieu. Vous n'avez pas à tournoyer trois fois et à chercher ensuite un chameau ! Effectuez la cérémonie qui vous convient pour honorer votre être divin. L'amour et la communication seront au rendez-vous. Nous sommes tout près de vous et non pas dans un vacuum !

Usez donc de discernement envers ces livres. Leur contenu est-il d'une nature contraignante, plaçant l'humanité dans un vieux paradigme de discipline et de rituel, ou bien d'une nature expansive, valorisant la communication divine et invitant au changement ? C'est toute la différence. Donner des instructions sur l'amour et l'harmonisation ou en donner sur l'asservissement et le contrôle, ce n'est pas du tout la même chose. Malheureusement, les deux positions coexistent souvent dans un même texte, car tous ces écrits ont été modifiés au cours des siècles. Pour vous répondre directement, je dois donc dire que certains des textes originaux sont les plus expansifs que vous puissiez trouver ! Vous le constaterez en les lisant. Un texte ancien peut-il vous inviter à l'interdimensionnalité ? Absolument ! Relisez-le.

Pour la deuxième partie de votre question, rappelez-vous ceci : si vous êtes né juif, vous êtes différent de tous les autres humains qui ne le sont pas. C'est là une vieille information de Kryeon. C'est une question de lignée spirituelle et même de réincarnation. Dans votre cas, je vous dis donc d'interroger votre lignage. Vous y trouverez toutes les réponses satisfaisantes. Sachez toutefois que vous y trouverez l'amour et la tolérance même envers vos pires ennemis. Lorsque ceux-ci liront les textes de leurs propres prophètes, ils y trouveront d'ailleurs la même chose.

Heureux l'humain qui comprend que le livre de la vie le plus ancien et le plus juste est celui qu'il porte dans son Soi supérieur. Ce livre est au cœur de chaque être humain et vous invite à l'ouvrir.

> *– Étant donné l'escalade des hostilités entre le jihad islamique et les puissances occidentales sur la scène mondiale médiatisée, comment un travailleur de la lumière doit-il réagir au fait que certains de ses amis, des membres de sa famille et de ses collègues de travail enfourchent le cheval du patriotisme et alimentent ainsi la ferveur belliqueuse ?*

N'est-ce pas là le test ? Nous vous avons répété plusieurs fois que cette guerre serait celle « de l'ancien contre le nouveau ». Vous assistez présentement à un combat entre la nouvelle conscience et l'ancienne, plus précisément chez le terroriste comme chez l'Occidental qui l'observe depuis son salon. Il s'agit d'un conflit à l'échelle mondiale, mais il concerne les individus, non les groupes. Ne trouvez-vous pas étrange d'être en guerre contre quelque chose qui n'a aucune frontière ni aucune structure définies ? C'est parce que cette guerre sera gagnée ou perdue selon les choix individuels des humains.

Comment un travailleur de la lumière américain doit-il réagir ? En activant le « troisième langage ». Nous vous affirmons encore une fois que la connexion à l'Esprit procure à l'être humain une sagesse équilibrée permettant de voir « à l'intérieur » de cette guerre. Premièrement, comprenez que, malgré les apparences, ce combat n'a pas lieu entre des cultures ou des religions, mais plutôt entre un ancien et un nouveau paradigme de civilisation. Rappelez-vous également que les États-Unis ont été fondés sur l'idée que « tous sont créés égaux » et que « tous ont droit au libre choix ». Par conséquent, la réponse à votre question est celle-ci : respectez ceux qui réagissent par la colère, car c'est une réaction humaine normale. Cependant, donnez de l'énergie et de la sagesse à vos dirigeants et à ceux du monde entier au moyen de votre pouvoir de travailleur de la lumière. Votre conscience peut créer le changement. Elle peut faire briller la lumière dans les régions sombres. Vous pouvez faire avancer les choses sans même dire un seul mot.

Pouvez-vous ne pas prendre parti ? Pouvez-vous respecter le droit des autres au libre choix ? Pouvez-vous envoyer de la lumière où le besoin s'en fait ressentir, et ce, malgré l'écrasant désir humain de vengeance ? Pouvez-vous aimer ceux qui ont peut-être moins de sagesse, mais beaucoup de compassion ? Voilà pourquoi nous appelons cela du « travail ».

– Où notre foyer se trouve-t-il ? Vous dites que l'on reconnaîtra à leurs couleurs ceux qui auront participé à cette expérience, mais où cela se passera-t-il ? Et qui nous reconnaîtra ? Dans la Perle de grand prix, *j'ai lu que Dieu a dit à Moïse :* « Ce que tu vois, c'est mon œuvre et ma gloire, afin d'offrir aux hommes l'immortalité, la vie éternelle. » *Je me demande si cela signifie que notre travail ici-bas consiste à réaliser que nous sommes éternels et immortels et que nous sommes Dieu. Et je me demande aussi pourquoi il existe des mondes où il n'y a pas de divin, mais seulement de la vie, et si cela signifie qu'il y a quelque part des formes de vie plus primitives que les humains. Pourquoi y aurait-il un monde où les humains ne posséderaient pas l'intuition et ne seraient pas une partie de leur créateur ? Je sais que je pose beaucoup de questions, mais je le fais depuis des années !*

Votre explication selon laquelle les humains sont une partie de Dieu tandis qu'il existe dans l'univers d'autres êtres qui ne le sont pas n'est toujours pas claire pour moi. Je pense que Dieu crée tout ce qui existe et que, par conséquent, tout fait partie de Dieu.

Tout d'abord, revoyez la raison pour laquelle nous sommes ici et ce que cela signifie pour l'univers. Nous avons déjà répondu plusieurs fois à cette question et nous ne nous répéterons pas. Vous jouissez de l'intuition et vous faites partie de votre créateur. Lorsque vous abandonnerez enfin l'idée que Dieu se trouve quelque part dans les cieux et que vous comprendrez que vous êtes un fragment divin viable et libre, vous n'aurez plus à lutter avec vos « pourquoi ».

Le fait qu'il existe sur la Terre de la vie dépourvue de but spirituel ne vous pose pas de problème. Vous êtes des êtres biologiques porteurs du divin dans leur ADN et soutenus par d'autres êtres biologiques qui existent simplement pour équilibrer Gaia. Cela vous stresse-t-il de savoir que les abeilles et les rongeurs n'ont pas les mêmes attributs que vous ? Ils font partie du «système planétaire» et ils sont «de Dieu». Ils sont la vie, et leur présence est importante dans le système, mais ils ne sont pas des fragments divins qui se réincarnent dans le but d'aider l'univers. Ils ont pour simple fonction de vous soutenir.

Il en est de même dans le reste de l'univers. Il existe des planètes où des êtres intelligents participent à l'équilibre du système universel sans faire partie comme vous d'une expérience divine. Ils n'ont pas de programme divin et ne se réincarnent pas. Ils sont la vie et ils sont respectés, mais ils ne sont pas comme vous. La Terre est la seule planète comportant des êtres comme vous, la seule qui possède le choix de sa vibration et qui peut changer son cadre temporel. Vous êtes les seuls êtres capables de réaliser la maîtrise spirituelle s'ils choisissent de le faire. Vous êtes les seuls êtres à avoir la faculté de créer des pensées aptes à modifier la matière ou à éliminer la maladie dans leurs cellules au moyen des processus internes de leur ADN. La Terre est la seule planète du libre arbitre, et pourtant vos choix affectent d'autres planètes ! Elle est la seule planète où vivent des créatures qui naissent en croyant à l'après-vie et dont les gènes portent le code de la quête de Dieu. Considérez que toutes les planètes forment ensemble un véhicule dont vous êtes le volant. Vous plaindriez-vous que toutes les autres planètes ne soient pas aussi le volant ? Non. Chaque partie du système a sa propre fonction.

Les autres se trouvent si loin de vous que la plupart ne connaîtront jamais votre existence. Vous êtes bien cachés étant donné que vous ne possédez qu'un seul soleil (la plupart en ont deux puisque cela favorise le développement de la vie dans un système naissant). Votre second soleil fut perdu il y a longtemps. Ceux qui sont capables de venir vous visiter le font à leurs risques, car ils connaissent vos pensées et la peur peut les annihiler ! Le plus drôle, c'est que vous les craigniez et que vous ne connaissez pas votre pouvoir. Ils ont enlevé quelques-uns des vôtres pour essayer de trouver ce qui vous motive, mais, après plus d'un siècle, ils laissent maintenant tomber. Vous êtes très différents d'eux interdimensionnellement, mais ils ne savent pas le voir. Votre pouvoir les impressionne toutefois, ce même pouvoir dont nous vous parlons sans cesse, mais que vous niez même dans les questions que vous nous posez.

Dieu a dit à Moïse : « Ce que tu vois, c'est mon œuvre et ma gloire, afin d'offrir aux hommes l'immortalité, la vie éternelle. » Qui est Dieu ? C'est vous. Par conséquent, votre tâche consiste à atteindre intérieurement la maîtrise au point de fusionner avec votre divinité. C'est pourquoi nous appelons cela *l'ascension*.

Où votre foyer se trouve-t-il ? Il n'est pas où vous croyez. Vous pensez que vous œuvrez ici et qu'un jour vous obtiendrez un répit. Vous ne comprenez pas. Vous faites la queue pour venir ici ! Quand vous n'êtes pas ici, vous n'êtes pas du tout dans un autre « endroit », mais plutôt dans une « condition ». Il est difficile de vous expliquer cette question interdimensionnelle. Où l'amour qui n'est pas utilisé va-t-il ? Dans la « garde-robe de l'amour » ? Il n'y a pas de château céleste, ni de 72 vierges, ni de « lieu » de paix. Vous êtes la paix ! Vous êtes l'amour ! Chacun de vous est un fragment de Dieu qui prend des leçons sur la planète Terre, qui a désiré venir ici et qui travaille à l'un des plus grands défis de l'univers.

Les couleurs sont les « insignes d'expérience » que vous portez. Sur le plan interdimensionnel, toutes les entités voient ce que vous êtes, où vous avez été, les univers que vous avez créés petit à petit, le groupe que vous représentez. Tout cela est comme un livre ouvert. C'est ce que nous voulons dire quand nous affirmons que tous vous reconnaîtront à vos couleurs. Et quand vous ne travaillez pas sur la planète Terre, vous êtes occupés à guider ceux qui y travaillent. Ce n'est pas la première fois que vous le faites, car vous appartenez à un groupe spécialisé qui le fait sans cesse pour les univers du passé et pour ceux qui n'ont pas encore été créés (référence linéaire).

Soyez en paix et sachez que vous êtes Dieu. Quand vous le comprendrez, toutes ces questions disparaîtront, mais de nouvelles questions s'imposeront :

1) Que puis-je faire alors pour découvrir ma divinité intérieure ?
2) Comment puis-je créer la paix sur terre au moyen de mes attributs divins ?
3) Que dois-je faire pour vivre plus longtemps afin d'aider davantage la planète en cette époque cruciale ?
4) Que devrais-je savoir pour mettre en valeur ma divinité et répandre la lumière dans les endroits sombres qui en ont besoin ?
5) Comment être en paix mentalement avec le fait que je suis linéaire et que je reçois des réponses non linéaires à mes questions ?

– Vous avez mentionné récemment « Le Livre de Marie » [Book of Mary] *en disant qu'il avait été caché, mais qu'il était maintenant disponible. Quand tous les livres qui nous ont été cachés ainsi seront-ils accessibles au grand public ?*

Ce livre est de Marie, une disciple du Christ, et n'est pas secret. Il existe depuis 1947, mais c'est seulement aujourd'hui que l'information joue un rôle dans le grand scénario de la vérité. C'est également le sujet de certains de vos romans populaires (*Le Code de Vinci* en est un exemple), qui tombent à point.

Sachez qu'il y a deux raisons à ces révélations : on ne vous a pas dévoilé toute l'histoire, et le féminin sacré y occupe une grande place. L'information ne vise pas à éliminer les religions ni à ébranler les croyances. Voyez plutôt la chose ainsi : et si Dieu était plus grand que ce que l'on vous a enseigné ? Si une partie de l'histoire vous plaît, ne voudriez-vous pas connaître le reste ? Il s'agit de compléter la vérité, non de la détruire.

Heureux les humains qui recherchent toute la vérité comme des enfants qui déballent un cadeau, car cela ne fera qu'améliorer leur existence et non la troubler. Aux prêtres, aux ministres du culte et aux chamans, nous disons ceci : préparez-vous à découvrir une histoire plus complète qui facilitera votre travail auprès de ceux qui recherchent l'amour de Dieu.

– Je suis amérindienne et j'aimerais savoir ce que vous pensez des guérisons traditionnelles opérées par nos chamans ? Comment faire comprendre au grand public que nous aidons véritablement les gens ?

Nous avons déjà affirmé plusieurs fois que vos ancêtres possédaient la «sagesse planétaire» et qu'ils entretenaient un lien très profond avec la planète, mais que cette connaissance s'était perdue à l'époque moderne. Nous ne pouvons donc qu'applaudir l'énergie de ceux et celles qui désirent la redécouvrir et la propager.

Comme dans plusieurs autres domaines, l'acceptation de cette information par le grand public dépendra de l'isolement plus ou moins grand dans lequel les Anciens voudront maintenir leur société, laquelle éprouve encore du ressentiment et de la crainte envers la culture conquérante, car elle a peur que celle-ci détruise ses derniers rituels. Par conséquent, les nouveaux venus qui ne font pas partie de la tribu ne sont pas toujours les bienvenus dans le cercle. Il faudra qu'un jour les Amérindiens livrent leur savoir sans crainte en sachant que nombreux sont les gens prêts à l'accepter et à l'appliquer avec intégrité.

Que les Anciens transmettent avec espoir leur sagesse aux jeunes gens qui sont de pur lignage et qui savent respecter les traditions. Ils modifieront peut-être un peu ces dernières pour les adapter à l'époque nouvelle, mais ils en conserveront l'essence et en accorderont le mérite à ceux de leurs aînés qui aiment assez l'humanité pour finalement partager leurs connaissances ancestrales.

– Je vis à Glastonbury (Royaume-Uni). Il n'est pas facile de vivre avec l'énergie de cet endroit, mais tout semble bien aller sauf en matière de travail et d'argent. J'ai l'impression de ne pas être capable de créer quoi que ce soit. Dès que je sors du pays, ça marche, mais pas à Glastonbury. Alors, je retourne en Allemagne tous les deux mois pour travailler et gagner l'argent dont j'ai besoin. Pourquoi cela ne marche-t-il pas à Glastonbury ? Que puis-je faire ?

La réponse que vous voulez n'est pas nécessairement celle qui vous est offerte ici. Et cela vaut pour toute personne qui habite en un lieu de haute énergie. Le problème n'est pas Glastonbury – c'est vous ! Dans vos prières, demandez-vous : « Cher Dieu, permettez-moi de vivre à Glastonbury et de suffire à mes besoins » ou bien « Cher Dieu, montrez-moi où je devrais être » ? L'Esprit vous montre peut-être que, pour le moment, votre désir de vivre à Glastonbury n'est pas aligné sur votre abondance spirituelle. Prenez du recul et observez votre réalité. Si ça marche pour vous en un endroit, alors c'est peut-être là que vous devriez être pour le moment. Il peut y avoir des raisons pour lesquelles l'Esprit vous montre clairement que Glastonbury n'est pas l'endroit où vivre actuellement. Peut-être recevez-vous en effet une réponse à vos prières, mais voilà, vous n'aimez pas la réponse !

Vous tous : bénissez les signes que Dieu vous envoie ! Même s'ils ne coïncident pas nécessairement avec vos attentes du moment, soyez suffisamment dégagés et sages pour les célébrer et agir en conséquence. Rien de ce que vous faites au regard de ces choses n'est permanent et, bien des fois, vous devez lâcher prise et suivre l'énergie qui vous est offerte dans la situation présente afin qu'elle vous mène ensuite vers votre destinée dans une situation ultérieure.

> *– J'ai lu dans un article traitant de spiritualité que la mission de Fidel Castro est de montrer comment faire les choses sans argent et que c'est la raison pour laquelle lui et la révolution sous les tropiques vivent encore. Est-ce vrai ? Sinon, pourquoi Cuba n'a-t-il pas suivi l'Europe de l'Est dans son changement ? Fidel Castro travaille-t-il pour la lumière ou fait-il partie de la vieille énergie ?*

Ce chef appartient à la vieille énergie et il ne vivra pas encore très longtemps, mais sa présence était nécessaire à l'époque pour placer l'Union soviétique près de vos rivages afin d'aider lors du scénario de l'an 2000 qui annonçait un Harmagedôn, lequel n'est pas survenu finalement. Ses maîtres terrestres (dans ce cas-ci les Russes) auraient joué un rôle très important à Cuba lors de la guerre nucléaire que vous n'avez *pas* eue.

Voilà toute l'explication. Et maintenant, cet homme vit en tant que relique de ce qui ne s'est pas passé. Sa société est pauvre et la culture n'est ni riche ni satisfaite d'elle-même. Cette énergie changera bientôt… Vous verrez alors un Cuba qui se « cache » depuis très longtemps et vous réaliserez aussi le déséquilibre et la richesse culturelle qui existaient tout ce temps-là.

Religion et croyances

– Ma question porte sur Sai Baba. Je suis moi-même allé visiter cet homme en Inde. J'ai vu des foules s'entasser autour de lui et l'adorer comme un dieu. Je ne doute pas de ses discours éclairés et je suis en accord avec plusieurs de ses enseignements puisqu'il dit que chaque personne est Dieu.

Cependant, ce que je ne peux comprendre ou saisir, c'est le fait qu'il permette à des gens de l'adorer ainsi. Des tas de gens s'agenouillent devant lui, et là il élève les mains pour offrir la pénitence à une personne de son choix. Il permet qu'on prenne des photos de ses pieds, sachant qu'elles seront affichées dans les demeures des gens pour qu'ils les adorent. Ses adeptes croient au pouvoir personnel et au Dieu intérieur, mais ils croient que Sai Baba est Dieu incarné – une contradiction évidente ! J'ai entendu parler de gens qui régurgitent de la poudre au nom de Sai Baba. J'ai aussi entendu que du miel dégouline de ses photos. Mais quel est l'intérêt de tout cela ? Comment enseigne-t-il aux gens à devenir leur propre Dieu s'il leur montre des miracles qui les font se sentir inférieurs devant lui ?

Qui est cet homme ? Est-il vraiment un maître ascensionné comme il le prétend ? Si c'est le cas, alors sa façon d'enseigner appartient sûrement à la vieille énergie, où nous nous tournons vers l'extérieur pour trouver quelqu'un de plus puissant que nous. Merci !

Sai Baba n'est pas un maître ascensionné, mais un maître actuellement sur terre. (NDT : il est mort en 2011.) Il est réel, et pourtant la plupart des Occidentaux ne savent même pas qu'il existe. Son ADN est activé au point où il pourrait en fait quitter la planète n'importe quand. Il peut manifester «quelque chose à partir de rien» et il possède réellement le don de guérison.

Ne jugez pas tout cela sur les apparences car, dans votre culture nord-américaine, l'attitude d'adoration semble banale et déplacée. Cependant, considérez la culture où ce maître vit (en Inde) et la conscience des gens autour de lui. Il ne souhaite pas être adoré et, dans son message, rien n'indique une telle demande. En fait, aucun maître ne souhaite cela. Toutefois, la culture de l'Inde est très différente de la vôtre et, là-bas, les gens se sentent à l'aise avec ce mode d'apprentissage.

Laissez tomber votre perception de ce dont vous êtes témoin et ayez la sagesse de différencier les multiples moyens, pour les humains, de trouver Dieu. Pour les Indiens, c'est la manière choisie d'écouter et d'apprendre. Pour vous, cela semble inapproprié. Sachez que les Occidentaux pourraient beaucoup apprendre de Sai Baba. Néanmoins, ils attendront sa mort pour le confirmer, et ce maître deviendra alors un emblème d'illumination pour beaucoup, à l'instar de tant de maîtres qui doivent mourir pour que leur vrai travail soit connu.

– Je suis originaire d'Iran et je veux interroger Kryeon au sujet des textes sacrés, particulièrement le Coran. Ce dernier contient-il tout ce que nous avons besoin de savoir?

Non, et les autres textes sacrés non plus. Votre Coran est un beau livre spirituel, comme le savent plusieurs lecteurs. Il suscite en vous la foi ainsi qu'un sentiment de l'amour de Dieu qui convient à votre culture. Quiconque l'étudie vraiment voit le but du Prophète, qui lui fut donné par Dieu. C'était d'unir les gens de sa région et de leur fournir le même Dieu qu'aux juifs. Cet esprit unifiant est au cœur de votre livre sacré. L'ange qui a visité le Prophète est celui-là même qui a visité Abraham plusieurs fois.

Dans toutes les doctrines spirituelles de la Terre, il manque quelque chose, à savoir que les humains ont le pouvoir intrinsèque de faire partie de Dieu, dont ils ne sont pas séparés. Plusieurs de ces doctrines séculaires sont incomplètes et ont été altérées. Soyez circonspects devant tous ces vieux livres spirituels, car il y a plus que ce qu'ils vous donnent. Usez donc de votre intuition en les lisant et remplissez les vides à l'aide des outils que vous procure votre propre divinité.

Regardez autour de vous. Y voyez-vous de l'unification ou de la séparation ? Devinez vous-même ce qui appartient à Dieu et ce qui appartient aux hommes. Les instructions de l'Esprit sont toujours liées à l'unité et cela est très présent au cœur du Coran.

– Qui est Lucifer et quel était le but de la rébellion luciférienne ?

Nous savons que cela en décevra plusieurs et en fera râler de nombreux autres, mais le diable n'existe pas et il n'y a jamais eu de réel Lucifer. Ce sont là des métaphores pour vous aider à vous comprendre vous-mêmes. L'énergie la plus sombre sur la planète vient de l'être humain et de son libre choix. Même la métaphore d'Adam et Ève aurait dû vous donner cette information. Le libre choix signifiait qu'un être humain pouvait choisir l'obscurité même dans le jardin de la lumière. C'est ce que la « dualité » est capable de faire.

Ceux d'entre vous qui ne croient pas cela et qui pensent plutôt que des entités veulent leur âme ont encore le libre choix de penser comme ils le souhaitent. Mais cela les empêchera aussi de voir leur magnificence au sein de l'amour de Dieu puisqu'ils basent leur réalité sur la peur d'entités sombres.

Nous vous avons offert plusieurs fois une pleine discussion sur la noirceur et la lumière.

– Quelle est l'opinion de l'Esprit sur deux personnes mariées qui sont chacune amoureuses de quelqu'un d'autre et qui entretiennent avec cet autre une relation amoureuse durant des années ? J'ai essayé de ne pas juger une amie très chère qui est mariée, mais qui maintient depuis des années une longue amitié/romance/relation physique avec un homme qui n'est pas son mari. Pouvez-vous nous faire part de votre position sur des relations comme celle-là et m'indiquer ce que ma position devrait être ?

Nous comprenons totalement le protocole établissant les règles de comportement et de ce que vous appelez la moralité dans votre culture et dans votre société. Cependant, je vous dis qu'il n'y a aucun jugement autour de gestes posés à partir d'une intention pure et d'un sentiment d'amour. C'est différent de « l'appel de la biologie » (concupiscence). Nous parlons ici d'amour pur.

Nous vous rappelons aussi que nombre de vos règles que vous considérez comme des « lois de Dieu » ne sont que de simples règles imposées par des humains et structurées de manière à sembler spirituelles afin d'assurer l'ordre. Dans plusieurs sociétés sur terre, le partenariat n'est pas monogame du tout et les gens n'ont pas la sensation de violer une loi divine quelconque, comme l'indiqueraient vos chefs religieux si vous veniez à faire la même chose. Par conséquent, on peut même remettre en question l'exactitude et la vérité des dix commandements d'origine.

Vous pourriez mettre en doute la moralité dans le fait de prendre un nouveau partenaire après la mort du premier. Selon votre société, c'est non seulement acceptable, mais souhaitable ; pourtant, dans d'autres cultures, on considère que c'est une violation horrible de la moralité et que cela va à l'encontre des lois de Dieu ! Alors, qui a raison ?

La réponse est que le livre de la «règle divine» est beaucoup plus complexe que vous pouvez le penser. Dans le domaine de l'amour, l'être humain est très expansif. C'est de l'information bien connue et commune que les humains peuvent aimer et avoir des partenaires multiples; toutefois, ce n'est pas la norme dans votre société. Ajoutez à cela le fait que vous transférez un puissant karma d'amour d'une vie à une autre. On a posé des questions sur ce sujet également : qu'arrive-t-il quand vous êtes l'heureux partenaire d'une personne et que vous rencontrez une «âme sœur» avec qui vous étiez en relation dans une autre incarnation ? Que faites-vous alors ? Vous la rejetez, vous poursuivez cette relation, ou vous ignorez cette âme sœur ? Pensez-vous vraiment comprendre la complexité de l'amour et la compartimenter pour qu'elle cadre parfaitement avec les règles d'une culture ?

La réponse doit vraiment s'inscrire dans le cadre de votre propre divinité et du livre de la loi divine imprimé à l'intérieur de chacun de vous. Si vous établissez des règles spirituelles et des vœux pour vous-même, alors suivez-les. Vous bénéficierez de la structure que vous avez personnellement créée. En toutes choses, recherchez le conseil de votre Moi supérieur et de la divinité en vous. C'est votre boussole morale et le «livre» rempli de vérité. Quand vous faites cela, certaines choses que vous pourriez contester commencent à bien se clarifier de telle sorte que vous finissez par changer ce que vous faites.

Je sais que vous voulez une réponse empirique (positive et finale), mais ce n'est pas ce que je vous offre. Je sais aussi que certains liront cela et diront : «Voyez... ces Lémuriens du nouvel âge ont la permission de faire tout ce qu'ils veulent. Quel genre de spiritualité est-ce là ? » La réponse courte est que c'est une spiritualité qui place aux pieds de chaque être humain la responsabilité des plus grandes décisions relativement à l'intégrité et à la moralité. Combien ce serait facile si vous aviez juste un oui ou un non comme réponse ! À ce moment-là, vous n'auriez pas à endosser la responsabilité d'être un enfant de Dieu qui possède une sagesse divine.

   – Comment pouvons-nous savoir si un divorce est approprié ou non ?

Il l'est lorsque l'énergie et la conscience de l'un sont dans une réalité différente de celle de l'autre et qu'il est évident que cela ne changera jamais.

Ce n'est pas une question de compréhension, mais de cheminement personnel. Même s'ils contreviennent aux normes de votre société, aux règles de l'Église et aux désirs de votre famille, les « stades de partenariat » par lesquels vous passez parfois sont appropriés, bien que temporaires. Il se peut aussi que deux âmes éclairées aient simplement besoin d'être ensemble pendant une certaine période.

Si vous devez dissoudre un partenariat, faites-le dans l'intégrité, amicalement, avec sagesse et maturité. Ne claquez jamais la porte. Offrez à l'autre votre maturité en laissant toujours la porte ouverte au pardon et au dialogue.

En vieillissant, vous finirez par voir la dynamique de la croissance et vous comprendrez pourquoi ce partenariat temporaire était nécessaire à votre cheminement personnel ou à celui de l'autre. Parfois, il s'agissait simplement de garder la place libre en attendant que d'autres partenaires se manifestent. Chaque cheminement est différent des autres. Plusieurs couples restent unis jusqu'à ce que les deux conjoints se retrouvent main dans la main de l'autre côté du voile. Ils seront encore ensemble la prochaine fois ! Ne portez aucun jugement dans un sens ni dans l'autre. Diverses situations sont appropriées si elles facilitent la croissance et la maturité de l'un ou l'autre des partenaires, sinon des deux.

Comme je l'ai souligné déjà, vos règles culturelles sont souvent conçues de manière qu'elles paraissent aussi être « celles de Dieu », alors qu'elles ne sont que des règles humaines établies dans une bonne intention, mais sans une réelle compréhension de la véritable grandeur divine.

L'humanisation de Dieu

Ce message porte sur la perception. Le changement en cours à l'heure actuelle sur cette planète vous concerne directement. Il touche la communication. C'est que votre être intérieur, que vous appelez le Soi supérieur et qui demeure non identifiable, ne peut tout simplement pas se définir adéquatement dans la tridimensionnalité, ce qui fait qu'il est souvent mal compris. Il est temps pour vous tous d'entendre ce message, même si certaines parties vous échapperont peut-être. Vous êtes enfermés dans une *boîte de survie* tridimensionnelle et c'est là tout ce que vous savez. Toutes vos perceptions et toutes vos décisions sont fondées uniquement sur ce que vous pensez connaître. En fait, il vous est impossible de concevoir quoi que ce soit en fonction de ce que vous ne connaissez pas. Nous vous demandons pourtant d'essayer.

Il est difficile pour les humains de considérer des choses multidimensionnelles. Si vous sortiez du paradigme dans lequel vous êtes nés et de la réalité dans laquelle vous avez survécu, l'expérience vous désorienterait. Pourquoi alors osons-nous vous demander de réfléchir en dehors de vos connaissances et de vos expériences ?

L'énergie de cette planète change. Disons alors que la boîte à outils du travailleur de la lumière s'enrichit d'un nouvel accessoire par l'accroissement d'intuition de la vieille âme, de sorte que vous aurez désormais la capacité de réfléchir sur un mode multidimensionnel sans même le savoir.

Commençons donc par une affirmation d'intention pour que vous compreniez le mieux possible mon propos. En lisant ces lignes, demandez d'obtenir un supplément de sagesse : « Cher Esprit, aidez-moi à comprendre au niveau multidimensionnel les concepts qui seront présentés ici. » Si votre sagesse s'accroît, la communication sera meilleure entre les deux côtés du voile.

Laissez-moi donner un titre à cette transmission afin d'éviter à mon partenaire de le faire. Je ne titre pas tous mes messages, car les étiquettes ont une fonction purement tridimensionnelle. Cependant, comme, dans votre réalité, vous aimez toujours voir un titre sur les messages que vous allez lire ou entendre, je vais donc vous en fournir un. Ce sera « L'humanisation de Dieu ».

Il a fallu vingt-deux ans à mon partenaire pour vous livrer mes pensées conceptuelles. Bien que ces concepts qui proviennent de l'autre côté du voile se trouvent aussi dans le Soi supérieur de chaque humain, ils ne sont pas faciles d'accès. Pourquoi ? Parce qu'ils existent dans un état multidimensionnel qui n'est pas familier aux humains. Par conséquent, il a fallu vingt-deux ans à mon partenaire pour réussir à rendre linéaires ces concepts et à les verbaliser dans un langage intelligible à votre intellect.

Tous ne saisiront pas ce message et j'en suis bien conscient, car l'Esprit ne s'adresse pas aux humains par des paroles. Son langage consiste plutôt en des *éclairs intuitifs* soudains, hors du temps linéaire. C'est ainsi que vous obtenez vos meilleures informations. Pourtant, plusieurs d'entre vous croient avoir compris Dieu.

Qui suis-je ? Exemples de linéarité

Il s'en trouve peut-être parmi vous qui ont envie de poser les questions suivantes : « Qui êtes-vous, Kryeon ? et d'où venez-vous ? » Ces deux questions sont sans doute tout à fait logiques et normales pour chaque être humain qui lit ce message, mais je vous dirai qu'elles trahissent une pensée linéaire. Kryeon n'est pas *quelqu'un*, et il est de nulle part. Comment est-ce possible ? Je ne peux vous l'expliquer que par des comparaisons. Je sais que les comparaisons ne tiennent pas le coup si on les examine de près, puisque toute analogie est boiteuse. Considérez donc celles-ci comme de simples exemples approchants destinés à faciliter votre compréhension.

Supposons que vous ressentiez un amour incroyable envers un autre être humain, soit votre conjoint ou votre enfant, par exemple, ou alors un animal. Supposons aussi que cet amour vous submerge au point de vous faire pleurer de joie tellement il est intense ! Si c'est le cas, demandez-vous à votre sentiment : « Qui es-tu ? » Demandez-vous à cet amour d'où il vient, comme s'il s'agissait de quelqu'un ? Bien sûr que non ! Vous l'acceptez plutôt simplement en disant ceci : « Je sais que c'est là pour moi, mais je n'ai pas l'impression que ça vient de moi. »

L'amour a ceci de particulier : il vient de partout et imprègne l'âme de l'être humain. Vous le *ressentez* intensément. Vous n'avez pas conscience de sa provenance. Il existe, tout bonnement. Il est cependant aussi profond qu'inhabituel, comme s'il appartenait à quelque chose de plus grand. Peut-être est-ce votre partie divine qui prend de l'expansion ? Vous n'auriez pas tort de le voir ainsi. L'amour n'est pas individuel. Vous ne pouvez pas le diviser en parties ni lui attribuer un corps et un nom. Il s'agit d'un *concept* qui affecte chaque cellule de votre corps ainsi que toutes vos fonctions corporelles. Il en prend même parfois la direction. C'est là sa beauté.

Je ne suis pas *quelqu'un*. Vous m'entendez par cette voix issue du corps d'un humain. Il est normal que vous désiriez savoir *qui parle*, mais la seule individualité présente ici est celle de l'humain par lequel je m'exprime. La meilleure façon de m'identifier, c'est de me voir comme le groupement convergent de la source d'énergie créatrice de l'univers. Je suis innombrable et non individuel. Vous ne pouvez me définir par des attributs tridimensionnels. Il y a vingt ans, je m'identifiais ainsi : «Je suis ce que je suis.» Puis j'ajoutais ceci : «Et vous de même!» J'affirmais que j'étais au centre de l'atome. Je déclarais que l'espace existant entre le noyau atomique et le brouillard électronique était rempli d'amour. J'ajoutais que la source bienveillante d'énergie créatrice qui fait partie de vous fait également partie de moi. Elle est en toutes choses : dans les arbres, dans le sol et dans la végétation. Elle est dans l'air et vous ne pouvez lui demander *qui* elle est parce qu'elle n'est pas individuelle. Vous ne pouvez pas dénombrer la saveur d'une soupe ni demander «où se trouve le sel». Il fait partie de la soupe, voilà tout.

Dieu n'a pas l'esprit ni la conscience d'un être humain. Dieu n'est pas non plus une collection de plusieurs fragments de conscience distincts. Évidemment, cela est difficile à comprendre pour vous. Dieu peut parler en même temps à chacun des six ou sept milliards d'humains sur terre. Il peut soutenir une conversation d'amour guérisseur dans une relation personnelle simultanée avec chacun de vous. Vous vous rendez compte? Il n'est pas *quelqu'un*. Il est le créateur de l'univers. Il est une énergie divine, intelligente et aimante. N'humanisez pas cette source! Elle n'est pas à votre image.

Le penseur linéaire

Les humains veulent tout séparer et tout individualiser. Vous séparez, vous identifiez et vous quantifiez. C'est le propre de la nature humaine, car tout être vivant avec lequel vous venez en contact est distinct et individuel, qu'il s'agisse d'un humain, d'un animal, d'un arbre ou d'un insecte. Tous ont cela en commun. Chacun constitue un système de vie clos. Il est donc rassurant pour vous de placer Dieu dans cette catégorie. C'est seulement ainsi que vous pouvez concevoir de réagir à l'Esprit. La linéarisation de Dieu vous aide à voir ce que vous êtes censés faire et quand vous devez le faire. Toute la mentalité de survie que vous avez acquise pendant votre vie entre ici en jeu, et c'est ce que nous appelons le préjugé linéaire humain. Vous concevez Dieu plus facilement s'il s'agit d'un homme doté d'une barbe et d'une grosse voix qui personnifie l'autorité. L'Esprit n'est pas ainsi.

Dieu n'est pas une figure d'autorité! Pourtant, plusieurs d'entre vous n'accepteront pas cette assertion. «Vous voulez dire que le créateur de l'univers n'est pas chargé de tout?» Ce n'est pas ce que j'ai dit. J'ai seulement affirmé que Dieu n'est pas une figure d'autorité.

Il n'existe pas non plus de protocole! Vous m'avez bien compris? Il n'y a pas de protocole générique! Pendant des millénaires, les religions ont créé des milliers de «règles» pour «obtenir la faveur de Dieu». Et si tout cela ne reposait sur rien? Je vous pose cette question : quand vous désirez parler à votre structure cellulaire, quel est le protocole à suivre? Si le processus se passe *entre vous-même et vous-même*, par où commencez-vous? Vous habillez-vous d'une façon particulière et vous mettez-vous à genoux? Inventez-vous des gestes spéciaux pour que cela fonctionne mieux? Ou bien entrez-vous simplement en vous-même avec votre esprit pour parler à ce que vous *possédez* et résoudre le problème? Vous voyez ce que je veux dire? Les humains ne voient jamais que *Dieu est en eux*. Ils désirent plutôt le séparer d'eux-mêmes. Ils l'éloignent en mettant l'Esprit sur un autel devant lequel ils se rassemblent. Ils fabriquent même une statue pour voir à *qui* ils doivent parler. C'est cela, l'humanisation de Dieu.

Les guides et les anges

Examinons maintenant le pire cas d'humanisation de Dieu. Ce sujet concerne plusieurs d'entre vous. Il s'agit de votre façon de visualiser les guides et les anges. Sachez que la réalité est très différente de ce que l'on vous a enseigné. Préparez-vous donc à voir les choses différemment. Aucune entité divine n'en sera amoindrie; au contraire, elle n'en sera que mieux en accord avec la multidimensionnalité.

Les anges existent-ils? Absolument, mais pas du tout comme vous le pensez. Sont-ils des aides? Absolument, mais, encore une fois, pas du tout comme vous le concevez. Quand, anciennement, des anges visitaient des humains et que ceux qui vivaient l'expérience la racontaient ensuite, celle-ci était très différente de la description qu'ils en faisaient, je peux vous l'assurer. Lorsqu'un ange se manifeste à un humain, il possède la forme d'une boule d'énergie tourbillonnante, parfois même d'un feu ne dégageant aucune chaleur et ne consumant rien. Les anges n'ont pas de forme humaine et n'en ont jamais eu. Ce sont des êtres multidimensionnels et non tridimensionnels. Pourtant, vous leur attribuez un corps et des ailes, et vous leur donnez même un nom! Pourquoi? Parce que cela vous aide à les imaginer. Nous le comprenons.

«Qui sont-ils?» Vous leur attribuez des noms et des caractéristiques. L'un exerce telle fonction et un autre, telle autre fonction. Et si je vous disais qu'ils sont tous ensemble? Vous réagiriez ainsi : «Je n'aime pas ça. Je les veux individuels, chacun ayant une fonction particulière.» Les humains veulent que les anges soient des «ouvriers divins» possédant chacun une tâche précise. Ce n'est pas le cas! Quand vous respirez, les molécules d'air s'alignent-elles individuellement, chacune ayant un nom et une tâche particulière, avant d'entrer ensemble dans vos poumons? Il faut vous habituer au phénomène que la science physique appelle *l'enchevêtrement*. Ce mot employé dans le domaine quantique désigne un étrange attribut de la matière, laquelle semble «toujours connectée à tout».

Il faut vous familiariser avec ce concept aussi magnifique que profond : vous faites partie de tout! Vous n'êtes séparés de rien. Vous appartenez à tout. Vous possédez chacun un corps individuel dans un monde tridimensionnel, mais vous êtes connectés à tout dans le monde multidimensionnel!

Parlons maintenant des guides et des aides dans un contexte historique plus spécifique. Les messages canalisés des Anciens [les Saintes Écritures] vous ont fait visualiser trois guides. Vous devriez toutefois considérer le chiffre «trois» selon le nouveau point de vue que je vais vous exposer et qui diffère de la perspective tridimensionnelle.

Il y a vingt ans, je me conformais simplement à votre perception des «trois guides», car elle vous convenait et vous ne disposiez pas de la connaissance qui vous aurait permis de voir les choses autrement. Vous la possédez aujourd'hui, et j'ai une petite nouvelle pour vous : vous n'avez pas trois guides. Le *trois* n'est que l'identification numérologique de l'énergie auxiliaire. Le nombre trois devient «l'indicateur» d'une autre signification.

Durant mes transmissions, vous participez tous à la séance dans un *troisième langage*. Certains d'entre vous n'entendent pas ce que je livre à mon partenaire [le message canalisé que vous lisez en ce moment]. Ils reçoivent plutôt, simultanément, leur message personnel. Par conséquent, ce que nous appelons le *troisième langage* est un langage multidimensionnel catalytique. Il catalyse l'énergie entre vous et moi. Quand vous êtes assis devant moi et que vous ouvrez votre troisième œil, la glande pinéale est grande ouverte. C'est alors que le catalyseur commence son travail et que vous recevez des messages intuitifs.

La catalyse a lieu entre cette énergie que vous dites innée, soit votre Soi supérieur, et le côté du voile où je suis. Ce langage fonctionne avec votre intuition ; il vous procure des éclairs d'inspiration, vous fournit des instructions, vous guide, vous donne de l'amour. C'est le *troisième langage*.

Vous n'avez pas trois guides

Vous avez l'impression d'avoir trois guides parce que l'Esprit emploie avec l'humanité trois énergies divines distinctes. Le premier humain à avoir vu ces énergies et à en avoir parlé fut Élisée, successeur du prophète Élie. Quand il a vu Élie ascensionner, Élisée a cru apercevoir trois chevaux blancs tirant parmi les nuages le chariot dans lequel son maître avait pris place pour son ascension volontaire. Il appela cette expérience la *Merkabah*. Il s'agit d'un mot hébreu signifiant « chevaucher ».

Ce qu'Élisée voyait, c'étaient trois énergies appartenant à Élie, et non des guides ou des anges. Élie était venu sur terre avec elles et il est reparti avec elles. Chers humains, vous arrivez ici avec une énergie divine qui est si grande qu'une partie reste à l'écart de vous pendant votre vie. Vous êtes plus grands que vous ne le croyez. Vos guides font partie de vous ! Ils ne sont pas séparés de vous, ils ne sont nulle part ailleurs et ils ne changent pas. « Hé ! Hé ! Kryeon, vous avez dit dans des livres précédents qu'ils changeaient ! » Bien sûr, mais c'était pour que vous saisissiez plus simplement la divinité. Vous êtes maintenant rendus à un stade supérieur.

La nuit obscure de l'âme : un apparent changement de guide

Il vous faut également savoir ce qui suit. Plusieurs parmi vous ont cru, à un moment donné, que leurs anges ou leurs guides s'étaient absentés. Au début du travail de Kryeon, nous vous avons dit que vous pourriez vivre une expérience que nous appelons maintenant le recalibrage. À l'époque, nous l'appelions « l'implant neutre ». C'était « l'implantation de votre permission de changer ». Elle était souvent accompagnée par la perception d'une absence des guides et des anges pendant 90 jours.

Chaque être humain qui se recalibre, quel que soit le nombre de fois qu'il le fait, traverse une période où l'Esprit semble s'être retiré. Je vous fournis cette information maintenant parce que certains d'entre vous vivent cette période à l'heure actuelle et que certains l'ont déjà traversée. Il ne se passe pas du tout ce que vous pensez. Écoutez-moi bien, car je vais enfin vous expliquer ce qui se produit.

Durant cette période de recalibrage où vous avez l'impression que l'Esprit ne vous entend plus ou que vos guides sont partis, la meilleure chose à faire est de lire un bon livre. N'essayez pas de comprendre ce qui se passe. Ne prenez aucune décision. Ne déménagez pas. Si vous voulez absolument faire quelque chose, alors assoyez-vous et dites ceci : « Merci, Dieu, de vous soucier suffisamment de moi pour que je vive cela. Je sais que je serai différent lorsque ce sera terminé. » Vous le serez en effet !

Les humains se recalibrent par choix avec l'intention d'élever leur vibration. Grâce à la recalibration, une plus juste vision divine, davantage d'intuition et une meilleure connaissance de leur nature véritable s'offrent à eux. Quand ils en émergent après être montés d'un cran dans l'échelle énergétique, les guides reviennent ! Mais voici la vérité. Vous pensez qu'ils ont changé ? Eh bien non ! Le même ensemble d'énergies est toujours là, sauf que vous le *percevez mieux* ! Vous comprenez ? Dans la tridimensionnalité, c'est comme si cet ensemble énergétique avait été remplacé par un autre, mais, en réalité, c'est *vous* qui avez changé à un point tel qu'il vous paraît différent ! Il n'a pas changé du tout.

Vos Saintes Écritures mentionnent-elles le phénomène ? Oui. Je ne veux pas offenser personne, mais cette explication nous conduit maintenant où vous ne pensiez pas aller. Je vais vous dire la vérité, car elle est belle. Vos Saintes Écritures historiques rapportent très clairement un fait inexplicable. Le maître d'amour était cloué à sa croix et il allait mourir. C'est un moment sombre de votre histoire, car certains humains détenteurs du pouvoir avaient décidé de tuer le maître qui pouvait leur apprendre le plus de choses. Soudain, ce dernier s'écria en pleurant, en proie au désespoir : « Père, pourquoi m'as-Tu abandonné ? » Vous attendiez-vous à une telle phrase de la part de ce maître qui se proclamait fils de Dieu ?

En voici la raison : il était sur le point de changer ! Ce changement requérait la recalibration de l'énergie guide. Le Christ humain a cru avoir tout perdu, mais seulement pour un instant. Pourtant, il était réellement affligé, car il se retrouvait tout à coup dans le noir, sans le soutien auquel il avait été habitué toute sa vie durant. Puis, « ils » sont tous revenus et la divinité fut restaurée en lui, plus grande qu'auparavant. C'est le processus ascensionnel.

Vous possédez aussi ce potentiel. Ce « fils de Dieu » vous a dit que vous étiez également des « fils de Dieu ». Il est évident qu'il désirait vous faire comprendre que toutes ses actions terrestres étaient l'exemple de ce que vous pourriez faire aussi. Si vous traversez ce processus, sachez bien ceci : Dieu ne vous quittera jamais ! Vous ne pouvez faire sortir Dieu de votre corps. Vous pouvez nier Dieu pendant toute votre vie, mais, chers humains, vous êtes accompagnés d'autant d'anges que le sont le guérisseur ou le canal de transmission spirituel. Aucun jugement n'est porté sur vos croyances. Uniquement de l'amour.

La communication avec Dieu

Abordons cette fois la communication. Pourquoi donc tenez-vous à humaniser Dieu? Comme je l'ai indiqué il y a un moment, vous placez Dieu à l'extérieur de vous, vous en faites un mâle et vous lui attribuez une barbe et une grosse voix. Vous lui octroyez le statut d'Ancien, vous lui parlez, vous le vénérez et vous fabriquez des statues pour *l'humaniser*. Mais Dieu est en vous! La plus grande énergie du créateur de la Terre réside en chaque être humain. L'ADN de chacune des cent mille milliards de cellules la contient. Entre les molécules d'ADN existent une conscience et même une communication que la science ne connaît même pas. Dieu est en vous! Alors, pourquoi le situer en dehors de vous et construire des édifices pour le loger?

Laissez-moi vous poser une question. Supposons que c'est pour vous le moment de parler à l'un de vos organes et qu'aujourd'hui vous vous adresserez à vos reins. Construirez-vous un énorme rein pour le vénérer? Ah! votre tridimensionnalité! Vous voyez ce que je veux dire? Pourquoi feriez-vous une telle chose si votre rein est à l'intérieur de vous? Vous ne percevez pas Dieu en vous. C'est donc une question de perception divine. Il est temps de changer votre image de vous-même! Lorsque vous le ferez, vos yeux s'ouvriront, vous vous regarderez dans le miroir et vous direz : «Je suis ce que je suis. Dieu est en moi.» Pour un humain, c'est là une chose difficile à faire. Vous devez sortir de votre vieille réalité de victimisation.

Que vous dit votre culture au sujet de votre divinité? Les médias ne cessent de vous répéter que vous êtes démuni, que vous avez besoin de ceci et de cela. Avez-vous déjà vu un message commercial affirmant ceci : «Vous n'avez besoin de rien d'autre que vous-même. Servez-vous-en.» Bien sûr que non!

Quelle est la meilleure façon de communiquer avec l'Esprit ? Vous devez tomber amoureux de vous-même ! Voilà le secret. Voilà le portail. C'est correct d'avoir Dieu en soi. Vous n'êtes pas nés sales. Vous êtes nés magnifiques. Magnifiques ! Ceux et celles qui se trouvent dans cette salle et qui ont découvert leur magnificence ne sont pas animés par l'ego. Ils savent qu'ils créent en eux l'équilibre en défendant leur appartenance à la lumière et en rejetant tout ce qui relève de la vieille énergie obscure. En même temps, ils tiennent leur ego à distance, de sorte que ce dernier ne les domine jamais. C'est ce qu'ont fait les maîtres et c'est ce qu'ils enseignaient. La communication avec Dieu est automatique lorsque vous entrez en contact avec cette partie du créateur qui réside en vous. C'est ce qui ouvre le portail.

Des guerres célestes ?

Voyons un peu ce que raconte l'histoire de Dieu créée par les humains. Voici ce que l'on enseigne aujourd'hui. Un jour, Dieu, le créateur de l'univers, rencontra un problème. Une guerre se déroulait entre les anges, dont certains n'aimaient pas comment Dieu faisait les choses. Arrêtons-nous ici, et dites-moi tout de suite si cela ressemble à Dieu ou bien aux humains.

Poursuivons l'histoire. Finalement, l'instigateur de cette guerre fut expulsé du ciel et il tomba sur la Terre. Entraînant ses partisans avec lui, il se réfugia sous terre. Il a désormais une queue et des cornes, et il fait du feu. Encore une fois, chers humains, cela ressemble-t-il au créateur de l'univers ? Cela ressemble-t-il à l'amour, la source multidimensionnelle de tout ce qui existe ? Pas du tout. Cela ressemble plutôt à une histoire pour enfants où l'on humanise Dieu pour contrôler les masses. Ce sont les humains qui font des guerres, non le créateur de l'univers. Une guerre céleste ? Cette histoire même est l'ultime humanisation de Dieu. Les humains créent des scénarios de drame, de jugement, de punition et de vengeance, puis ils les attribuent à Dieu. Si vous possédez la moindre étincelle d'intelligence spirituelle, vous comprendrez tout de suite qu'il s'agit là de la personnalité humaine, non de la personnalité divine.

L'amour de Dieu

J'ai déjà affirmé qu'une mère n'avait que de l'amour pour ses enfants. Elle ne leur dit jamais qu'elle va les ignorer ou que leur vie commune sera difficile. Elle ne les enferme jamais dans le noir s'ils ne font pas ce qu'elle leur a demandé. Elle n'a pour eux que de l'amour, de la compréhension, de la patience et du soutien. C'est tout. Chers humains, c'est ce que vous obtenez de nous qui sommes de l'autre côté du voile. C'est pourquoi je suis ici devant vous en ce moment. Pourquoi humanisez-vous Dieu et réduisez-vous à une dualité commune cette splendide énergie créatrice ? C'est parce que cette dualité représente la vieille énergie de la pensée humaine et non la sagesse d'une terre nouvelle. L'humanité change et la perception du Dieu intérieur change donc aussi.

Un avertissement pour la nouvelle énergie

Voici maintenant un conseil important. Dans la nouvelle énergie, ne vous soustrayez pas à votre société. Dans la vieille énergie, vous aviez tendance à vous soustraire à l'obscurité pour vous joindre à d'autres gens éclairés afin d'établir des communes, ou peut-être aussi vous isoliez-vous dans le désert. Les saints hommes des tribus anciennes vivaient toujours seuls, car on pensait alors que la solitude augmentait la pureté, ce qui permettait de mieux servir l'Esprit.

À ce jour, cependant, je vous appelle «les porteurs d'allu-mette» et vous savez que vous êtes des phares. Vous répandez de la lumière dans l'obscurité et c'est pourquoi vous êtes ici. Moins de un demi pour cent d'entre vous doivent éclairer ainsi les autres afin de créer la paix sur la Terre. Les graines en sont déjà semées au moment où je vous parle. Dans la vieille énergie, vous vous soustrayiez à l'obscurité, mais nous voulons maintenant que vous demeuriez dans votre société pour y faire briller votre lumière.

Voici donc ce que je tenais à vous dire. Certains individus présents dans cette salle se demandent peut-être : «Pourquoi dois-je travailler là où je travaille? Je n'y trouve personne qui pense comme moi. C'est un lieu obscur que je n'aime pas.» Nous leur répondons comme nous le faisons depuis des décennies : si vous êtes un phare, il vous faut être là où il n'y a pas d'autre phare. Vous possédez la seule lumière qui existe dans ce lieu. Vous n'avez aucune idée du nombre de navires qui arrivent à bon port grâce à vous. C'est pourquoi vous êtes ici : pour aller dans des lieux où vous n'êtes jamais allés ou pour demeurer dans des endroits obscurs.

L'Esprit vous assure que, dans la nouvelle énergie, l'obscu-rité ne peut vous atteindre. Si vous portez la seule lumière qui soit, l'obscurité ne peut l'affecter! L'absence de lumière ne peut prendre la place de la lumière. Ne craignez pas d'être agressé parce qu'il fait noir. Rien ne peut vous atteindre. Rien! Vous ne devriez plus vous soustraire à votre société. Par exemple, ne vous glorifiez plus de ne pas aller à tel ou tel endroit ou de ne pas faire telle ou telle chose parce que vous auriez l'air de vous mêler à des gens qui ne pensent pas comme vous. Ne jugez pas ceux qui vous entourent. Sachez qu'ils sont tous des fragments de Dieu comme vous. La seule différence, c'est que vous êtes une vieille âme et que vous avez une allu-mette! Vous possédez les semences de la maîtrise. N'aimeriez-vous pas éclairer les autres pour qu'ils voient mieux?

Ils ne sauront peut-être jamais d'où vient cette lumière bénéfique. Ils ne connaissent sans doute pas votre nom. Mais si vous portez votre allumette parmi eux, ils se verront mieux les uns les autres. Heureux les humains qui se verront mutuellement dans la lumière, car ils seront moins susceptibles de se faire la guerre. Tout cela parce que quelqu'un aura gratté son allumette.

L'allumette symbolise la vieille âme éclairée qui vit avec conscience sur cette planète. «Alors, que sommes-nous censés faire? demanderez-vous. Quelle est notre tâche?» Vous n'êtes pas censés faire quoi que ce soit. Vous êtes censés *être*. Le phare ne communique pas avec les navires qui sont en mer. Il fait simplement briller sa lumière. Vous n'avez pas à évangéliser les autres ni à leur offrir un livre de Kryeon. Vous n'avez pas à leur dire quoi que ce soit. La lumière que vous portez se voit à votre façon de traiter les autres et votre famille ainsi qu'à votre comportement dans des situations typiquement humaines. C'est ainsi que vous reflétez l'amour de Dieu.

Le moteur du drame

Tout vous pose-t-il des problèmes? Vivez-vous toujours en plein drame? Êtes-vous anxieux? Avez-vous l'impression de vous attirer sans cesse des difficultés? Si c'est le cas, vous n'avez pas gratté votre allumette. Bien sûr, vous êtes peut-être un travailleur de la lumière, mais vous n'avez pas réellement gratté votre allumette. Vous avez bien votre boîte à outils, mais vous ne l'avez jamais ouverte.

Comment cela fonctionne

Cher humain, vous êtes né sur cette planète pour une raison précise et vous avez un objectif à atteindre. Lorsque vous élevez votre vibration, la grille cristalline, qui est une grille planétaire ésotérique, vous reconnaît. Dès que vous haussez votre vibration, vous êtes en contact avec la planète, avec Gaia elle-même. Elle élève alors sa propre vibration parce que vous élevez la vôtre. Quand vous grattez une allumette dans une pièce obscure, cette dernière s'éclaire. D'autres voudront ensuite avoir eux aussi leur allumette et ils la trouveront. Ils agiront sur la grille cristalline à leur tour comme vous l'avez fait. Cette grille est la conscience de Gaia. Elle se modifie parallèlement à l'humanité. Vous l'avez constaté au cours des deux dernières générations.

La conscience humaine est en train de changer, exactement comme nous vous l'avons prédit il y a vingt-deux ans. La lumière commence à faire son œuvre. Il vous faudra peut-être encore deux générations avant de voir se réaliser ce que nous vous prédisons actuellement quant au règlement des problèmes du Moyen-Orient, ce qui ouvrira la voie à une paix terrestre durable. Le processus s'amorce toutefois en ce moment et vous en êtes à l'avant-garde. C'est cela que vous ressentez. L'action convenant à cette énergie consiste à rester dans votre société et à y tenir haut votre allumette.

Un travailleur de la lumière est l'humain capable d'ignorer le drame et de comprendre qu'il peut vivre plus longtemps, être en paix et se guérir lui-même, quelles que soient les circonstances. Que ce soit physiquement ou psychologiquement, les travailleurs de la lumière apprennent maintenant à reprogrammer leur ADN. C'est là notre enseignement. C'est ce que vous commencez à faire. Votre boîte à outils vous révèle les nouveaux instruments de la maîtrise. Certains de ces outils vous sembleront peut-être même magiques, car ils échappent au paradigme de la tridimensionnalité. Vous finirez par les voir à l'œuvre partout et la science progressera en vérifiant vos intuitions.

N'humanisez pas Dieu! Prenez plutôt la main divine tendue par votre Soi supérieur et devenez-en une partie.

N'adorez pas Dieu et ne vous inclinez pas devant lui. Devenez plutôt une partie de l'essence de l'amour divin qui vous habite. Pour la première fois dans l'histoire de l'humanité, vous approchez d'un stade supérieur. Vous êtes sur le point de prévenir les habitants d'une lointaine région de votre galaxie que vous avez atteint ce niveau de connaissance. Oh! chers humains, vous n'avez aucune idée de ce que cela signifie!

Les Mayas avaient raison. Voici qu'apparaît le plus haut potentiel de la conscience humaine. Ce n'est nullement une certitude, mais, par vos libres choix des deux dernières générations, il est assurément plus proche que jamais. Cette fois-ci, vous ne vous détruirez pas. Vous trouverez plutôt une solution.

La Terre (Gaia) coopérera. Elle a déjà commencé à le faire. Le cycle de la vie est en train de changer et le refroidissement des océans a débuté, exactement au moment prévu. La Terre est votre alliée. Vous êtes ensemble dans cette aventure, non pas séparés.

Chers humains, tout cela est vrai. Certains d'entre vous ne le comprennent pas encore, mais je vous le dis : heureux l'humain qui reconnaît le visage du concepteur de l'univers quand il se regarde dans le miroir, car il sait alors qu'il a raison d'aimer ce qu'il voit, soit Dieu en lui.

Je suis Kryeon, amoureux de l'humanité.
Et il en est ainsi.

Quelques exemples de livres d'éveil publiés par Ariane Éditions

Manifester ses pouvoirs spirituels, I
Manifester ses pouvoirs spirituels, II
2012– Le Grand Rassemblement
Fréquence
Évolution spontanée
Les douze couces de l'ADN
Quand tout change
Anna, la voix des Madeleines
Les clés de l'évolution de l'âme
La fin de votre monde
Aspirer
Je ne suis plus disponible
La voie sacrée de l'initié
2011, Devenir
Au-dela de la matrice
Le facteur Maya
Livre de la métamorphose de l'espace-temps
Avec les yeux de l'amour
Le temps fractal
Dialogue sur l'éveil